EL MICALET GALÀCTIC

bromera

EL MICALET GALÀCTIC

COL·LECCIÓ DIRIGIDA PER JOSEP A. FLUIXÀ

ÚLTIMS TÍTOLS PUBLICATS SÈRIE BLAVA - A PARTIR DE 12 ANYS

78. *L'Odissea.* Homer / Enric Solbes
84. *Llegendes del Sol i de la Lluna.* Carles Cano / Paco Giménez
88. *Moby Dick.* Herman Melville. Adaptació de Jesús Cortés / Bauxi
89. *L'Illa de les Foques.* Llucià Vallés / David Enebral
93. *L'estiu dels pirates.* Teresa Broseta / Bauxi
96. *Els ulls al cel i l'ànima a la mar.* Josep Ballester / Enric Solbes
97. *Àlex & Cia. Delinqüents.* Jesús Cortés / Francesc Santana
100. *Cagadets de por.* Pasqual Alapont / Francesc Santana
101. *Misteris S.L.* Francesc Gisbert / Jesús Huguet
104. *Els somnis secrets de Pau.* Mercé Borràs / Josep Vicó
107. *L'illa a la deriva.* Teresa Broseta / Ramon Pla
111. *Vint mil llegües de viatge submarí.* Jules Verne / Enric Solbes
114. *Lluna i la pluja.* Llucià Vallés / Joan Arocas
117. *Dràcula.* Bram Stoker / Marina Seoane
124. *Olfacte de detectiu.* Christine Nöstlinger / Ribot
129. *La llegenda de l'amulet de Jade.* Vicent Enric Belda / Ferran Boscà
130. *Les històries estranyes.* Francesc Gisbert / Jesús Huguet
136. *Cròniques d'un rei.* Víctor Labrado / Francesc Santana
138. *Frankenstein.* Mary Shelley / Paco Giménez
145. *La Ilíada.* Homer / Enric Solbes
149. *Nous acudits de Llorenç.* Llorenç Giménez / Fran Parreño

Hi ha unes *Propostes didàctiques*, referides a aquest llibre, que es poden descarregar de manera gratuïta des de la pàgina web www.bromera.com.

Disseny de la col·lecció: *Enric Solbes*
Impressió: *Romanyà - Valls*

1a edició: *juny, 1993*
11a edició: *desembre, 2009*
ISBN: *978-84-7660-147-1*
DL: *B-47366-2009*

EL MICALET GALÀCTIC

Grafitis

Joan Pla

Dibuixos d'Anna Miralles

edicions
bromera

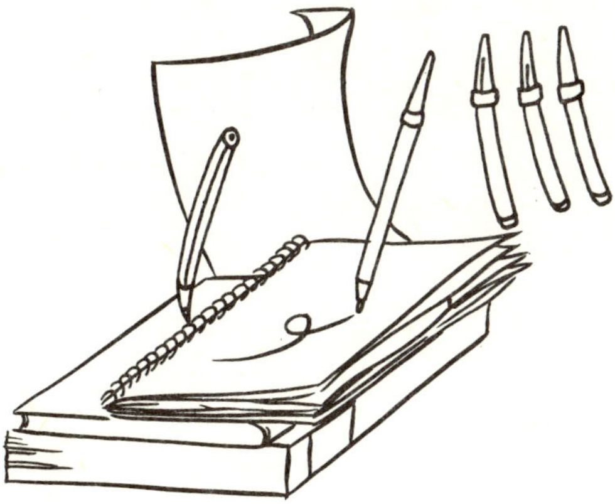

1
La visita al doctor Calbot

Raül era un xiquet d'ulls i cabells castanys; una mica estirat per a l'edat que tenia —acabava de fer dotze anys—. Aquella vesprada, després d'eixir d'escola, no va demanar el berenar, ni va obrir la cartera per posar-se a fer els deures com solia fer, perquè era un xic prou estudiós, ni va agafar cap full per dibuixar el que la imaginació li dictava, ja que era un preciosista del dibuix en miniatura, ni, cosa estranya, va connectar la tele per veure *Bola de Drac*. Es va arraulir a la butaca, va tancar els ulls i va dir a sa mare que estava deprimit i que tenia son.

—¿Que et passa alguna cosa, fill? —es va interessar ella, mentre li posava la mà al front per comprovar si tenia febre.

Raül ho va negar amb el cap.

—No et trobe calent —va assegurar sa mare—, però després de les avaluacions, sempre estàs uns dies esgotat. Per a mi, que necessites prendre vitamines, ¿saps? Estàs creixent massa de pressa. No sé a quin sant créixer sense mida... —es va queixar—. Demà et duré al metge.

Raül va mormolar un «no vull anar al metge» quasi imperceptible.

—¿Et pose un got de llet?

—No...

—¿Un suc de taronja? La mamà ha comprat un quilo de nàvels que estan dolcíssimes, ¿què dius?

—Que no..., no vull res.

—Si vols res, ja m'ho diràs —va dir sa mare conformada.

Però Raül no va voler res ni es va moure de la butaca més que per anar a dormir. L'endemà, però, continuava igual. Cansat, amb son...

—A tu t'està entrant la son de la mosca —va dir sa mare—. ¡Vulgues o no, et duré al metge! Que et faça una miradeta, que no costa res.

I cap al migdia, l'hi va dur.

El doctor Calbot tenia la consulta al carrer de l'Aigua. Era un home madur, de cabells blancs, ulls vius, una mica eixits, i nas ample. El record del doctor Calbot es perdia en la primera infància de Raül en l'habitació dels pares, que era on el gitaven quan estava malalt, perquè era la millor habitació de la casa. I al seu primer record ja anava unit el bigot del doctor; un bigot de raspall que li cobria tot el llavi i davallava fregant les comissures de la boca.

Raül i sa mare van esperar a la saleta. Tenien dos pacients davant seu. Una mare amb un nadó de cabells morenos i ulls vius, i una altra amb una xiqueta d'uns set anys, que es movia més que una fura i xarrava pels colzes.

Raül va estar tranquil uns moments, però aquella xiqueta el posava nerviós. Es va decidir, davant l'estranyesa de sa mare, a agafar una revista i fullejar-la. No hi va trobar res d'interessant, perquè era una revista de xafardeig social. Mecànicament, va traure el boli i va deixar anar la mà, creant allò que la seua imaginació anava improvisant.

—Raül Tàrrega —va dir la dona del doctor, que feia de recepcionista, de secretària i d'infermera ajudant, traient el nas per la porta de la saleta.

Raül es va alçar com un autòmat, enduent-se la revista amb ell, perquè volia ultimar els darrers detalls del dibuix. I, acompanyat de sa mare, va entrar a la sala de consulta del doctor Calbot. La mare de Raül es va adonar de la distracció del seu fill i el va renyar amablement

—Sí que vas distret, fill. Ja veu, doctor, ell i la revista, tots de visita.

—No passa res, dona. Ah, aquestes mares com són, ¿eh, Raül? Deixa-la ací mateix, sobre la meua taula

—li va indicar, perquè Raül buscava un lloc en la sala per a deixar-hi la revista.

Raül la va deixar sobre un llibre voluminós que el doctor Calbot hi tenia. I la va deixar oberta, mostrant el dibuix que havia fet. Aleshores el doctor Calbot no va poder ocultar la seua sorpresa per aquell dibuix tan perfecte. Es va quedar mirant el seu pacient.

—¿És obra teua, xicot...? —va preguntar, arquejant les celles blanques.

—Sí... —va murmurar Raül.

—Hhmmm... —va fer el doctor.

—Li encanta dibuixar —va dir la mare de Raül amb orgull—. Quan no sap què fer, agafa boli, paper, i no té hores...

—Sí, ja ho veig —va assentir el doctor Calbot—. Un dibuix perfecte... Em recorda els grafitis que he vist en algunes ciutats europees, quan isc a l'estranger...

—És un grafiti —va assegurar Raül.

El doctor Calbot va fer com si tornara en si i va dir:

—Bé, vegem què li passa, al nostre amic.

—Que des d'ahir està deprimit, doctor —va explicar la mare de Raül—. Després de cada avaluació, sempre tenim la mateixa... Però ara li ha entrat més fort.

—Ara veurem... Seu ací —va indicar a Raül.

El doctor el va auscultar, li va examinar la gola, les orelles, i li va pegar amb el martellet als genolls per comprovar els reflexos.

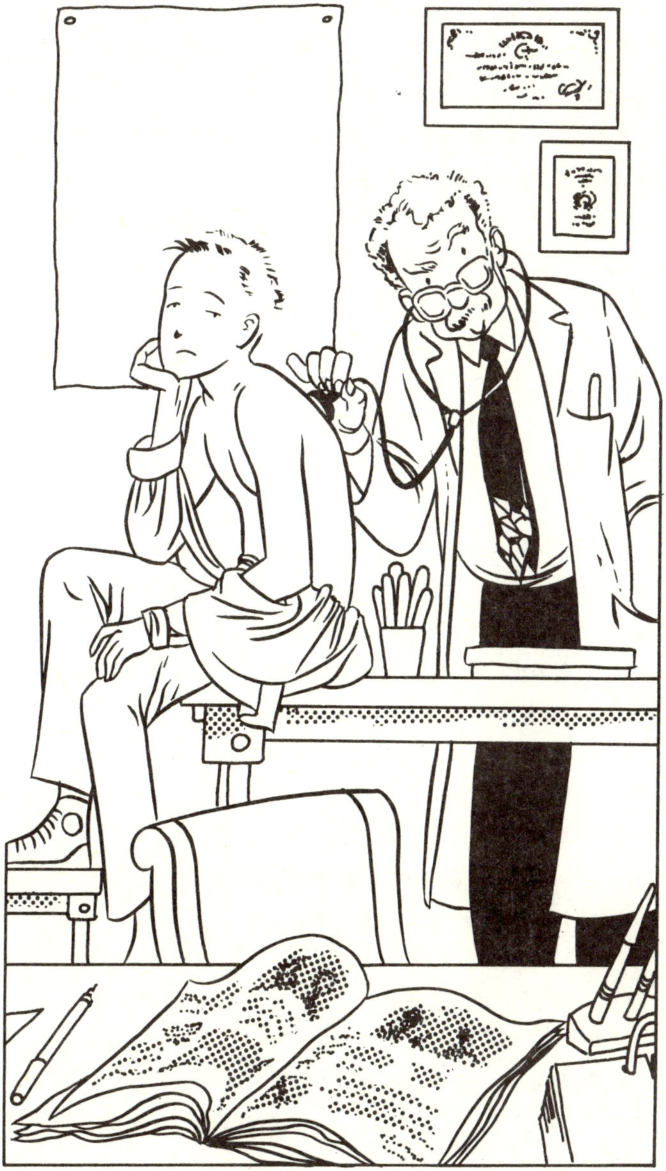

—El trobe perfecte, Matilde —va dir el doctor a la mare de Raül—. Sí, tens raó. Deu ser esgotament. Les mares acabeu coneixent els vostres fills millor que els metges.

—Els carreguen massa de faena, doctor. Cada avaluació, se'n ressent, ell...

—Els consentiu massa —va protestar el doctor, rodant el cap —. Necessita unes vitamines, calci i un estimulant, només —va indicar.

—Un estimulant que el pose nou, doctor —va insistir la mare de Raül.

—¿Un estimulant que el pose nou...? Sí... ¡I tan nou! —va repetir el doctor Calbot, tractant d'animar Raül.

I es va disposar a fer-li les receptes. Després va obrir un calaix de la taula, en va traure una capseta i, mirant-se-la per davant i per darrere, va dir:

—A més d'aquestes receptes, et donaré aquest producte nou que m'he dut de Brussel·les. Estimulax, es diu. Açò ressuscita un mort, he he he... Et prens una càpsula cada setmana, a l'hora del desdejuni. Crec que n'hi haurà prou... I anima't, xicot, que d'ací a uns dies ja és Pasqua i podràs descansar...

—Ja veurem, doctor... —va dir la mare de Raül.

I la senyora Matilde no es va enganyar. Perquè sí que ho va arribar a veure. ¡I tant!

Aquell mateix dia, en tornar a casa, com Raül només havia pres un got de llet, sa mare li'n preparà un altre.

—Et prens les vitamines, la cullerada de calci, que els ossos, si no t'espaviles, et cruixiran, i la càpsula que t'ha regalat el doctor... Que és com si estigueres en dejú encara. Però no sé si en comptes d'una capsuleta, no te n'hauries de prendre dues, per a començar, fill, perquè et veig més apagat que un ciri en una processó un dia de vent...

I Raül, per no sentir-la, va prendre tot el que sa mare li va manar. Fins i tot les dues càpsules d'Estimulax. I ací és on va començar tota la història.

Perquè Raül, sense saber com, va començar a sentir, al cap d'una estona, unes pessigolles pel cervell, en la banda esquerra, tres dits per dalt de l'orella. Es va sentir inquiet, nerviós, va entrar a la seua habitació, va agafar la llibreta de llenguatge, l'estoig dels retoladors, va seure a la butaca, i va començar a dibuixar. I va començar pel seu nom.

—Açò sembla un grafiti —es va dir.

Aquest va ser el grafiti que va fer:

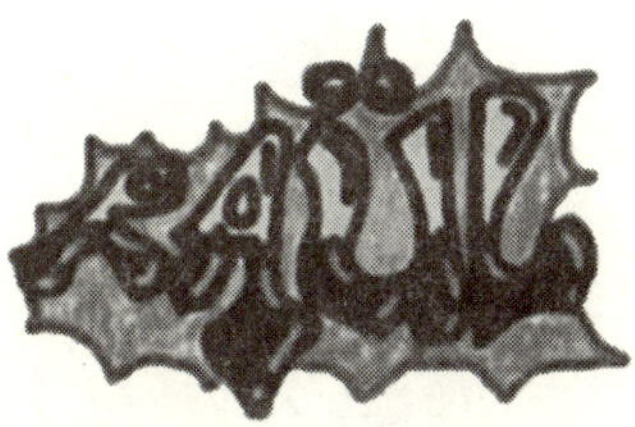

I li va entrar una terrible obsessió per dibuixar grafitis. Grafitis de tota mena. Amb el seu nom, amb el nom de Letícia, la seua companya de curs, tan apassionada o més que ell pel dibuix, i de la qual estava secretament enamorat; els noms dels conjunts de música rap que admirava; fins que va omplir pàgines i pàgines i es va trobar amb la llibreta plena, sense que hi haguera cap buit...

Es va alçar i agafà la llibreta de matemàtiques... Fins que es va fer hora de dinar. I mentre dinava, va tallar el bistec en forma de lletres... de grafiti, sense prestar massa atenció a res del que passava entorn seu, ni adonar-se de la cara que posava la seua germana Lledó.

—Però, ¿què fas? —va dir estranyat son pare, movent la calba.

—No res. Em divertisc fent lletres...

—Sempre que te les menges... —va afegir sa mare, satisfeta de veure el canvi que havia experimentat el seu fill—. Mai no havia imaginat que unes càpsules tan insignificants produïren un miracle tan sorprenent.

Mai no ho hauria imaginat, certament.

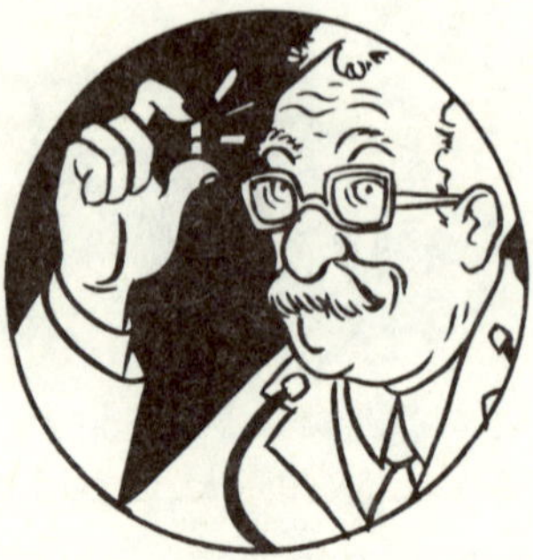

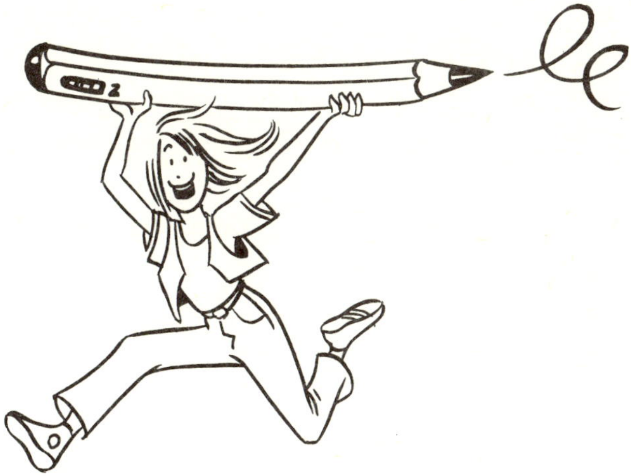

2

Una estranya obsessió

Perquè quan Raül tornava a classe, de vesprada, mentre caminava pel carrer, no podia evitar d'estampar, cada set o vuit passes, qualsevol nom en qualsevol paret en forma de grafiti. Primer va assecar el retolador negre, després el roig, i li va venir just de dibuixar el darrer grafiti, en la canal de l'escola, amb el marró.

Raül seia en la tercera fila de la classe. De manera que podia continuar donant eixida al seu desfici. I ho va fer en la llibreta de ciències, que encara la tenia intacta, mentre Eusebi, que també era el tutor, explicava el sistema digestiu. Raül simulava estar atent, però la seua mà no parava de dibuixar i dibuixar. El seu company, Toni, no li llevava l'ull de damunt. Per això el profe se'n va adonar, perquè Toni solia ser un alumne molt atent. Amb dissimulació, mentre continuava explicant, Eusebi es va acostar a Raül. Aquest es va adonar ràpidament de la seua presència i tancà la llibreta.

—Vegem els apunts que ha pres el nostre amic —va dir Eusebi.

Va agafar la llibreta de Raül, estirant fort, perquè ell la tenia sota el braç, protegint-la. La va mirar.

—No sé per què, sentir parlar de la digestió et senta malament —va bromejar— i et fa vomitar...

Toni va començar a riure i, quan Eusebi va mostrar a la classe els fulls i més fulls que Raül havia dibuixat, va afegir:

—...et fa vomitar un munt de preciosos grafitis...

Aleshores tota la classe també va esclafir de riure, perquè va entendre la broma del profe.

—Dius que aquest matí has anat al metge —va dir Eusebi.

Raül ho va afirmar amb el cap.

—Ja he llegit la nota de ta mare. Digues què t'ha passat, perquè et note canviat. ¿T'ha receptat el metge que dibuixes fulls i més fulls de grafitis?

—Estic desficiós —va dir Raül, mentre bellugava el cos i les cames i amb la mà jugava a dibuixar sobre el pupitre un nou grafiti.

—¡Raül! —va cridar el profe.

De l'ensurt que li va donar, Raül va tirar el retolador enlaire, que va passar fregant-li el nas, a Eusebi. I aleshores la classe no va poder continuar, perquè no hi hagué manera de fer que els alumnes prestaren atenció.

—Bé, feu els exercicis de la pàgina 147 —va protestar el profe, adoptant un posat seriós, mentre es mossegava la llengua per no riure.

Allò només va ser el principi. Perquè els dos primers dies, mentre l'efecte de les dues càpsules no va passar una mica, Raül es va encarregar de dibuixar-ne per tots els pupitres i les cadires de l'aula, en cada full de cada llibre i a les parets del col·legi, que no hi havia manera de lligar-li les mans. De manera que Eusebi va parlar amb el director i la resta de professors del grup del seté A, grup a què pertanyia Raül, i demanà que se li controlara l'estoig dels llapis i retoladors, i que només li deixaren usar el llapis, el boli o el retolador que a cada moment corresponia, segons el treball de classe. «I així i tot sense perdre'l de vista», va remarcar.

Però la mania de Raül es va fer contagiosa i al cap de quatre dies ja eren més d'una dotzena els companys que anaven deixant pintades per les parets del col·legi i de la ciutat, per les canals de les cases, pels troncs dels arbres de les voreres i dels parcs, sota el seient de les cadires... I entre ells, Letícia, l'amor secret de Raül, que hi havia trobat un plaer nou.

Letícia era una rossa espigada. Era filla de pare holandés, el senyor Kurt Jansen. Algun insolent, en veure l'alçada de Letícia, bromejava amb allò de «si ton pare en comptes de ser Kurt arriba a ser Llarg...» La mare, Roser Martí, era de la ciutat. Morena i d'ulls grans, prima i alta. Però Letícia semblava una holandesa traslladada a terres mediterrànies. Perquè el seu cabell ros, els ulls blaus, la pell tan clara, era tot la semblança de son pare.

—Ei, Raül, ¿com t'ho has fet per a sentir tanta passió pels grafitis? —li va demanar ella.

—No ho sé. Vaig anar al metge, em va recomanar unes vitamines, calci i unes càpsules i, ja veus.

—És xuli... ¿És que tens un moment per a dormir, o també en dibuixes mentre dorms, tio?

—Crec que dec dibuixar-ne, perquè em desperte amb la mà cansada —Raül li va seguir la broma—. Però si veres els que dibuixe a casa... ¡Si ma mare em descobreix, em mata!

—A veure si me'n passes, de vitamines —va dir Letícia.

—Ja te'n passaré —va contestar Raül.

I no ho va prometre de broma. Perquè el dilluns següent, en tornar al col·legi, en el moment de posar-se a la fila, Raül va donar a Letícia dues pastilletes roges de vitamines, fet que no va passar inadvertit al tutor.

—Pren-les, a veure —va dir.

I ella les va prendre.

—¿Què? —va dir ell.

—Home, encara és prompte, ¿no? —va protestar ella.

Van entrar a classe. Van deixar els butlletins de notes sobre la taula, signats pels pares. I entre tots, Eusebi va buscar el de Raül. I va eixir com ell esperava.

—Senyor Raül Tàrrega —va dir el tutor amb veu molt greu.

Es va fer un silenci absolut, perquè ningú no sabia a què es devia aquest tractament. Tots es van quedar mirant-se'l.

—¡Acabarà vosté —va parlar-li de vosté per ressaltar la gravetat de la situació— pintant-los dins de l'olla de sa mare!

I va mostrar el butlletí a la classe. I la classe es va posar a riure en veure que el butlletí de notes, per fora i per dins, segons el mostrava Eusebi, era tot una taca plena de grafitis.

—No ha deixat lloc ni per a posar les notes de les properes avaluacions, senyor meu... ¿És que no et quedava més paper a casa?

Raül no va contestar. Eusebi, manifestant que estava molt enfadat, va tornar a fer-li la pregunta.

—No... —va mormolar Raül.

—No..., ¿eh? Doncs haurem de trobar una solució, perquè no podem continuar així. De manera que replegarem cada dia els papers de les papereres i te'ls emportaràs a casa. Ratlla'ls tant com vulgues, ¡però el butlletí, home...!

I la classe no sabia si riure o no, però Nereida va començar a riure baixet i la seua rialleta es va contagiar i ja ningú no se'n va poder.

Eusebi va llançar el butlletí sobre la taula.

—No té solució —va dir. Després es va dirigir a Letícia:— I tu, què, Leti, ¿també n'has pres, de vitamines?

—Sí —va dir amb un somrís, ella—. Però encara no m'han fet efecte, mestre.

—¡Ah! Estàs esperant que et facen efecte... ¡Molt bé! ¡Podeu prendre tots aquestes vitamines i hauré d'eixir fugint de classe perquè no em dibuixeu de cap a peus!... ¡Que graciosa!

Però ni al matí ni a la vesprada, Letícia no va notar cap símptoma que l'estimulara a sentir aquella passió desbordant que sentia Raül pels grafitis. Així li ho va dir a l'eixida del col·legi.

—No m'han fet efecte, les teues vitamines.

—No deuen ser les vitamines —va contestar ell.

—¿I què, si no?

—L'Estimulax.

—¿L'Estimulaquè?

—L'Estimulax. Unes capsuletes que el metge em va donar per a reanimar-me. Demà te'n duré.

—Recorda-te'n.

—Sí que me'n recordaré.

I se'n va recordar, de dur-li'n. Va esperar Letícia al carrer, perquè no volia que Eusebi el tornara a veure. Es va traure dues capsuletes de la butxaca i mostrant-les a Letícia va dir:

—Aquestes sí que et faran efecte, que jo estic que em fonc, perquè me n'he pres una altra sense que ma mare ho sàpia —va dir Raül, amb un nervi que no parava de bellugar-se—. Me n'he pintat tres-cents de casa a ací. I guaita. Porte totes les llibretes noves, tia. I tres recanvis de cent fulls...

Letícia va obrir uns ulls com taronges.

—¿I tot açò t'ho penses dibuixar?

—En un matí, si els profes em deixen tranquil, tia.

—¿I jo també sentiré tantes ganes de dibuixar? —va preguntar.

—Si et passa com a mi... Només les prenc, comence a sentir un pessigolleig pel cervell que, per més que em rasque, no se me'n va si no és fent grafitis...

—¡Vegem si és de veres! —va exclamar ella, agafant les capsuletes i prenent-les—. ¡Mira!

I va mostrar a Raül la bossa, tota plena de llapis, bolis i retoladors.

—Per més que me'n lleven, no se m'acabaran.

I van anar cap a la fila. I al poc de posar-s'hi, Raül sentia des del seu lloc que Letícia feia crits d'alegria i de sorpresa. Com «¡ui!, ¡oi!, ¡guau!». Però va continuar cap a dins de classe. I de reüll mirava Letícia, que es portava les mans al cervell i se'l volia gratar. I el to de veu, encara que l'intentava apagar, apujava de volum.

Els tocava valencià amb Rosa a primera hora. Una professora jove, de caràcter obert, però exigent.

—Repassarem els dígrafs, avui —va advertir.

I mentre preparava el material, Rosa va sentir uns crits ben forts, es va girar i va veure Letícia que s'alçava del seient, s'agafava el cap, se'l gratava, es bellugava que no sabia si quedar-se al seu lloc o eixir de classe.

—¡Ui! ¡Oi! ¡Guau!... ¡Guau! ¡Ui! ¡Oi!...

Tota la classe es baquejava de riure. I Letícia continuava igual, mirant la cara de sorpresa que feia Rosa, que no sabia si a Letícia li havia entrat un atac epilèptic o el ball de Sant Vito.

—¡Aneu, aviseu el vostre tutor! —va manar Roser a la delegada de classe.

Roser va eixir cames ajudeu-me, seguida de Sònia, que a penes va murmurar: «¿La puc acompanyar?»

Eusebi, que era tres aules més a la dreta, va arribar amb els ulls astorats, imaginant una tragèdia. En entrar, Rosa va assenyalar Letícia, que continuava igual, amb el seu bellugueig, els seus crits, les mans gratant-se el cap. Eusebi es va dirigir cap a ella, li va posar les mans al front mentre deia:

—¡Delira!

Però a poc a poc es va tranquil·litzar. Va exclamar:

—¡No té febre! ¿Què et passa? Haurem d'avisar el director...

Raül estava amb el cap baix, cosa que no va passar desapercebuda a Eusebi.

—¿Què li has donat aquesta volta, Raül? —li va preguntar.

—No res —va negar ell.

—¿No res?... Si li passa alguna cosa, serà culpa teua, ¿em sents?

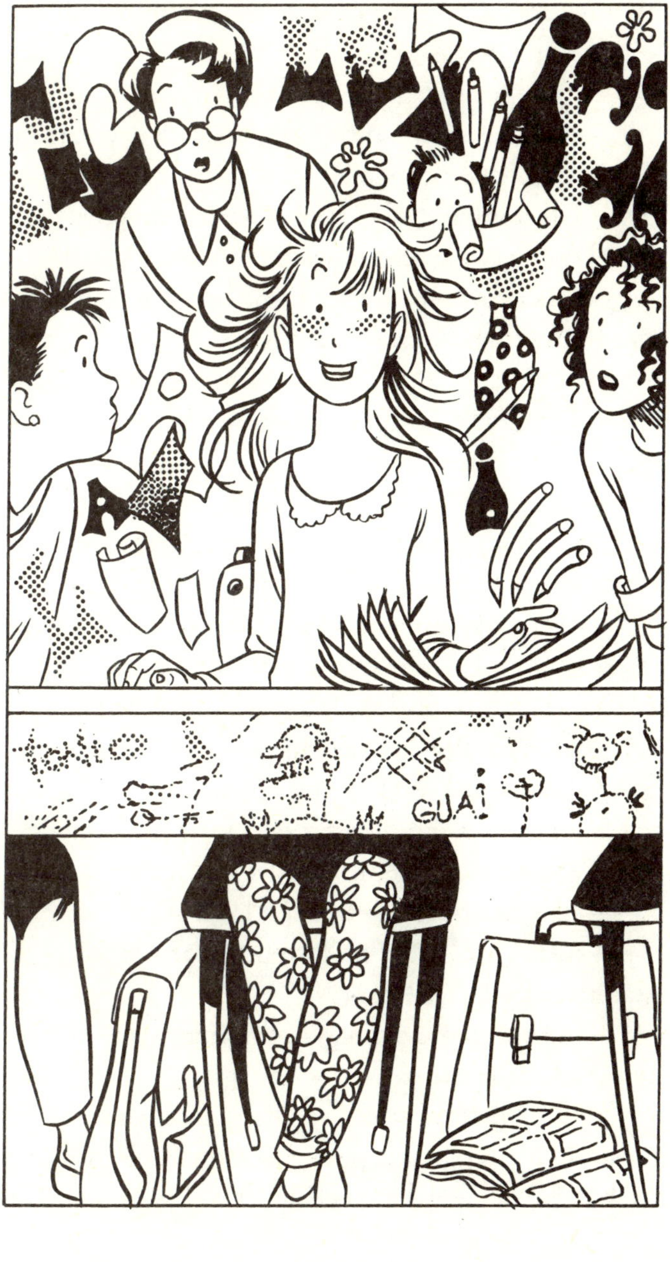
GUAI

—A mi, també em passa —va mormolar ell.

—¿Què et passa?

—Que em fa pessigolles el cap, mestre.

—No m'estranya, perquè el tens de mico, des de fa uns dies... Però, digues, ¿què li has donat?

Raül va dubtar un moment perquè no volia confessar públicament el seu secret.

—Dues càpsules —va mormolar, de manera que quasi ningú no ho va sentir.

—¿Què has dit? —se li va atansar Eusebi, posant l'orella esquerra davant la boca de Raül.

—Dues càpsules, mestre.

—¿Dues càpsules?... ¿Dues càpsules?... Però, ¿de què són, vols dir-ho, bandarra? —va exclamar, nerviós, Eusebi.

—¡Ei, sense insultar! —va protestar Raül, més que res perquè volia eixir-se'n d'estudi i desviar la conversa.

—No t'insulte, galifardeu; només et demane que ens digues de què són les càpsules, perquè si li has donat arsènic, hauré de tractar de salvar-la...

—Que no és arsènic, mestre. És Estimulax...

—¿Estimulquè? —van repetir ell i Rosa.

—Estimulax. Me l'ha fet el doctor Calbot per a reanimar-me...

—¡I tant que estimula! —van exclamar, mirant-se Letícia, que no parava.

Perquè Letícia, amb l'excusa que la causa del seu desfici ja era del domini públic, va donar solta a la seua desbordant alegria. Cridava amb sons aguts, s'alçava, seia, reia, pegava colps sobre el pupitre, pessigava el seu company... I tota la classe anava de bòlit, fins que ella es va adonar mínimament de la situació i va voler tranquil·litzar-se.

—¿I com li afectarà, a aquesta? —es va preguntar Eusebi en veu alta. I Letícia, que el va sentir, va respondre ràpidament, tornant al seu anterior estat:

—¡Vull dibuixar grafitis, com Raül! ¡Vull dibuixar grafitis, com Raül!...

—¡Una altra més, no! —va exclamar Eusebi—. ¡Una altra més, no! Ací haurem de trobar una solució... —Es va quedar pensant i va dir:— ¡Tu, Raül, acompanya'm a parlar amb el director! ¡Açò no pot continuar així! ¡Una altra més, no, per favor! —continuava suplicant Eusebi.

I, acompanyat de Raül, Eusebi se'n va eixir de classe, pegant una portada. Rosa es va dirigir a Letícia, es va quedar mirant-la, sense saber quina postura prendre i, finalment, li va dir:

—Doncs si vols dibuixar-ne, posa't allà darrere i dibuixa'n, xica —va concedir—. Mentre no molestes, ¡dibuixa'n! ¡Què hi farem!

Letícia va començar a fer el seu propi grafiti. I va ser aquest:

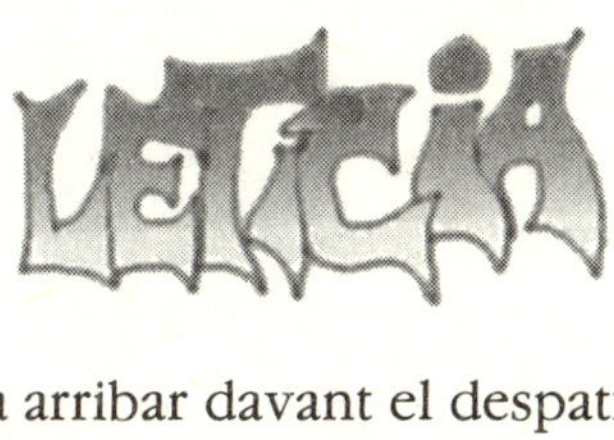

Eusebi va arribar davant el despatx del director; va indicar a Raül que s'esperara un moment, i hi va entrar. De fora se sentia l'explicació que Eusebi feia del cas al director, amb veu molt nerviosa. El director li aconsellava que es calmara. De sobte es va obrir la porta del despatx. El director es va quedar mirant Raül, amb posat greu. Però Eusebi va fer una forta exclamació:

—¡Òndia! ¡La mare que tenia una moto!

El director es va quedar mirant-se'l fit a fit. I a poc a poc va mirar en la direcció que mirava Eusebi. A la mateixa porta, sota el rètol que posava DIRECCIÓ, hi havia escrit un grafiti:

Letícia, guai

—No hi trobe cap explicació, no n'hi trobe —repetia, fora de si, Eusebi.

—Però..., ¿és possible? —va repetir el dire.

—Lliga-li les mans, ja t'ho dic, lliga-li les mans... Em tornarà boig, aquest nano...

Raül mirava l'un i l'altre, amb el retolador blau entre els dits, sense entendre massa bé la reacció dels dos professors. Mirava les parets blanques del corredor. El director li va llegir les intencions:

—¡Vés-te'n! ¡Vés-te'n!, ¡No et vull veure més per ací, que no em deixaràs un tros de paret blanca!

Es va dirigir a Eusebi:

—¡Fes el favor de cridar els seus pares i a veure com ho solucionem!... —va exclamar.

—Els enviaré una carta certificada —va respondre ell.

—¡Envia'ls el que vulgues, però fes-ho prompte! —li va exigir el director.

Però mentre la carta arribava a casa i sa mare acudia a l'entrevista, van passar moltes coses.

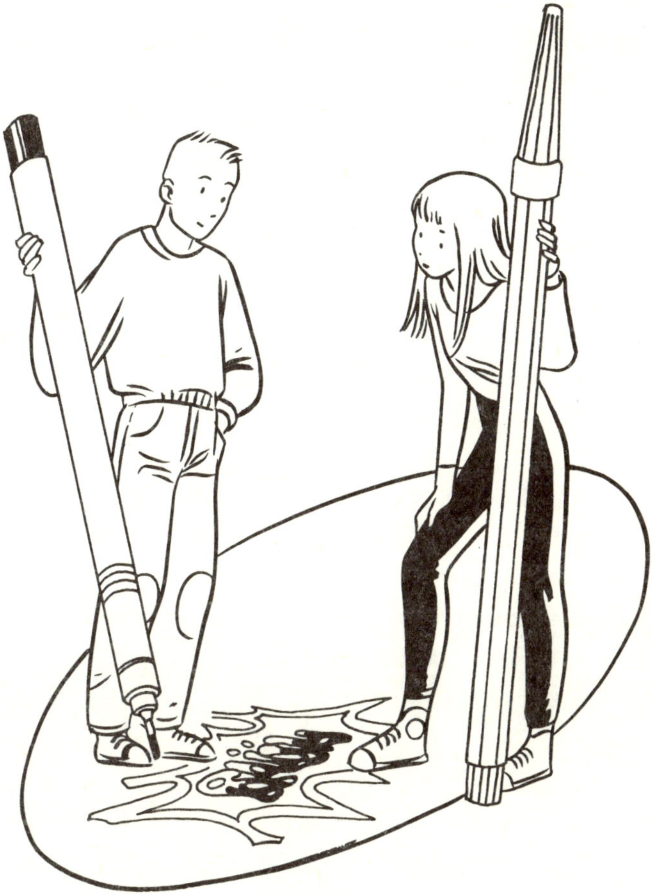

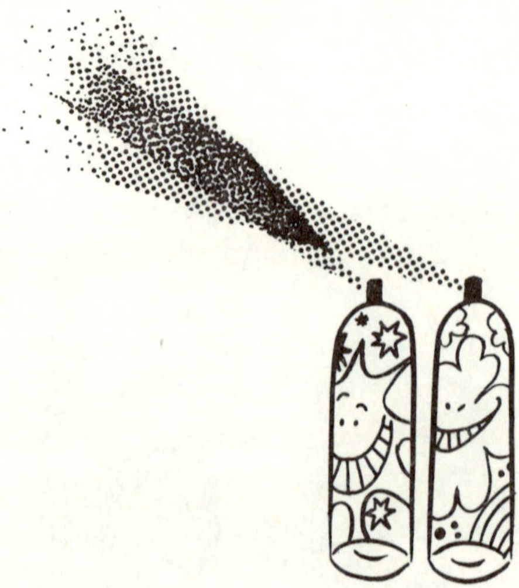

3
Raül i Letícia, S.L.

Letícia va passar aquell dia asseguda a l'últim pupitre, dibuixant i dibuixant, perquè cada professor que entrava a classe feia l'explicació a l'altre i, mentre Leti estiguera calladeta, pensaven, que anara omplint fulls i més fulls, fins que se li trencara la mà... Però en eixir del col·legi, Raül i Letícia es van separar dels altres amics.

—Guardeu algun tros de paret —els van dir, mofetes, els companys de classe.

Quan es van trobar sols, Letícia va confessar a Raül:

—¡És guai, tio! M'ho estic passant bombi piruli...

Només tinc ganes de veure on dibuixaré el següent grafiti. Mira, ací en aquest portal.

—M'agradaria dibuixar-ne un de ben gran dalt del campanar, perquè tots el pogueren veure —va dir Raül.

—¿Dalt del campanar?... Faria falta esprai, molt d'esprai... Amb un retolador, ningú no l'hi veuria.

—Dona, és clar, que amb esprai... Tinc diners, ¿saps?

—Si en vols, te'n puc deixar...

—No... Bé, en necessitarem més... Perquè si tu vols ajudar-me, sé de llocs i llocs on no acabarem mai de dibuixar...

—Podem muntar una societat —va dir Letícia.

—¿Una societat?

—Sí... Com que tu pintes grafitis i jo també, podem eixir junts a dibuixar-ne. Paguem a mitges el material i vigilem si ve algú —va exposar ella.

Raül es va quedar pensant, mentre alçava el retolador de la vorera, on dibuixava el nom d'un conjunt de música rap.

—Bé, tia. Començarem pel campanar.

—¡Tu i el campanar!

—¡El campanar, primer que res! —va exigir Raül.

—Si és una condició...

—Sí que ho és. Tot el poble ho podrà veure...

—Bé, l'accepte, tio.

—Anem per l'esprai —va dir Raül, alçant-se del llindar de la porta.

Es van dirigir cap al supermercat. I en van comprar un tub de negre i un de roig.

—Són colors que ressalten molt —va dir Raül.

—Doncs el groc i el negre destaquen més —va puntualitzar Letícia.

—La pròxima volta —va concedir Raül.

Van eixir del supermercat. Raül va demanar a Letícia que guardara els esprais a sa casa.

—No em fie d'Eusebi —va explicar—. Potser se li acut telefonar a ma mare, ¿saps? Jo passaré per tu a les set, que és quan l'església és oberta per a dir la missa. Només arribaré a casa, amagaré les càpsules abans que ma mare no s'assabente de l'efecte que fan. Seria una llàstima que les llançara al fem.

I així ho van fer. Letícia guardà la bossa amb els esprais a la seua habitació i Raül va amagar les càpsules d'Estimulax en lloc secret. I es va posar a fer dibuixos en la llibreta fins quasi les set.

I a les set, perquè Letícia va ser molt puntual, es van trobar a l'església del Socors amb la bossa dels esprais a les mans. Hi van entrar, van agafar aigua beneïda de la pica, es van senyar com a bons cristians i es van dirigir a la dreta, on hi havia la porta que menava dalt del campanar.

—¡Ui, que fosc que està! —va protestar Letícia—. No hem pensat a dur cap llanterna...

—N'he duta una —va dir Raül traient-la de la bossa.

La va encendre i van començar a pujar l'estreta i empinada escala de caragol, de graons estretíssims. Van passar la porta que menava al cor, i després van sentir el soroll de l'engranatge del rellotge. Amb un poc més d'esforç, van presentar-se al final de l'escala. Hi havia una trapa que separava l'escala del recinte on hi havia les campanes. Raül la va alçar, la va tombar cap arrere i ell i Letícia hi van entrar.

Des del campanar es veia la ciutat ataronjada, amb aquella llum de posta de sol. Però Raül i Letícia van observar l'escala de ferro, adossada en un angle del campanar, que menava dalt de tot. Raül va mirar Letícia pensant que ella anava a arrugar-se, però ella li va dir amb geni:

—¿Què esperes?

—No res... —va mormolar Raül.

I es va enfilar escala amunt, seguit de Letícia. Van peixir al terrat del campanar. Però l'alçada de les parets no els deixava veure més que el cel, si miraven cap amunt.

—¡Sí que l'hem feta bona! —va exclamar Raül—. I ara, ¿com ens ho fem? Perquè si pintem a la banda de dins, ja em diràs...

—Si vols, t'ajude a pujar —va dir Letícia.

—Sí, no hi ha cap altra solució —va contestar Raül, deixant la bossa a terra—. Després em dónes els esprais. Intentaré dibuixar com siga.

Letícia va agafar-lo de la cama dreta i el va ajudar a encimbellar-se sobre el mur del campanar. Però ho va fer amb tanta força que Raül va traure el cap i mig pit per l'altra banda de mur.

—¡Redell, tu, que caic! —va xisclar—. ¡Agarra'm ben fort!

—Tranqui, tio, que ja t'aguante...

I sense deixar d'agarrar-lo d'una cama, Letícia li va donar l'esprai negre. Raül, tombat sobre el mur, va preguntar:

—¿Què hi escric?

—¿Què hi escrius?... M'encanta Anthrax... Podries fer-ne un de ben xuli amb aquest nom... —va dir ella.

—Tia, jo sóc *rapper*, ja ho saps... I tu vols que dibuixe el nom d'un conjunt *heavy*... —es va queixar ell.

—Home, després que m'has fet pujar els cent vint-i-sis graons, no m'ho voldràs negar, tio...

—Bé... Dibuixaré primer el de MC Hammer i després dibuixaré el d'Anthrax...

I va començar a dibuixar, traient fora del mur el cap tot el que podia, ja que li venia tort haver d'escriure en aquella posició, i estirant el braç al màxim, perquè el traç fóra tot el més gran possible a fi que es vera des de la plaça.

El que ni Raül ni Letícia no van pensar és que amb una persona que alçara el cap des de la plaça i que els vera, n'hi havia prou perquè en una estona s'hi congregara mig poble. I això és el que va passar. Perquè el senyor Cristòfor Aguado va mirar el rellotge del campanar per saber quina hora era. I com va alçar el cap un poc més del que pertocava, es va adonar del moviment que hi havia sobre el mur del campanar. Va fregar-se els ulls per si veia alguna aparició de sants o d'ànimes en pena. Però no. Allò era el cap d'una persona, un xiquet, va creure endevinar, que estava dibuixant alguna cosa.

I com es va quedar mirant-lo, les persones que en aquell moment passaven per allí, també ho van fer. I als cinc minuts hi havia més de cinquanta persones mirant el xiquet que pintava abocat cap a fora del campanar, i van començar a fer crits per advertir-lo del perill que corria, cada vegada més forts. I com més cridaven, més gent que s'hi parava. Fins que un home que passava en cotxe, en veure tot aquell aldarull, es va aturar, va mirar en direcció a dalt del campanar i va eixir del cotxe duent a les mans una càmera de vídeo.

—No sé com deu estar de llum... —va mormolar mentre enfocava Raül—. Bé... Açò és una càmera d'alta sensibilitat —va afegir, orgullós de la seua màquina, i es va posar a filmar. Però un altre home, jove, va dir:

—Tots mirant i un filmant, però si la criatura cau, la deixarem caure —va protestar tot encés.

—¿I què podem fer? —va cridar una dona molt grossa.

—Pujar, pujar i fotre-li una estirada...

—I ¿què fa vosté, home? Jo perquè sóc massa grossa i m'ofegaria, però vosté...

I l'home es va sentir avergonyit d'estar amb els braços plegats, i ell i un altre jove van córrer cap a l'església i s'enfilaren campanar amunt.

Mentrestant, Raül va acabar de dibuixar el primer grafiti i va demanar l'esprai roig per a dibuixar el que Letícia li havia demanat.

—Si no m'afanye, se'ns farà de nit —va dir Raül.

—Escriu-ho en lletres ben grans —va manar-li Letícia.

—Sí, dona. ¿Què creus, que puc arribar de dalt a baix del campanar?

—Si estires el braç, sí —va bromejar Letícia.

Raül, per satisfer-la, va voler fer els traços del grafiti tan llargs que el seu cos es va desplaçar sobtadament un pam cap avall. Aleshores, mentre Letícia reaccionava agafant-lo fortament dels peus, un crit estrident va pujar des de la plaça. Va ser llavors que Raül es va adonar de la gentada que el mirava.

—¡Mare meua; no ho sabrà ningú! —va exclamar, mentre procurava equilibrar el pes.

—¿I aquests crits? —va demanar Letícia.

—Hi ha més expectació que en un partit València-Barça —va xisclar Raül.

—¿Que et veuen? —va preguntar Letícia.

—Mig poble —va dir Raül.

—¿I ara què, tio? —va mormolar Letícia mentre, astorada per la notícia, afluixava els peus de Raül.

—¿Ara què?... ¡Que si no m'agafes fort, eixiré volant, però sense paracaigudes!

—¡Ai, mare! —va reaccionar Letícia, agafant ben fort els peus de Raül, més del que li permetien les seues forces.

—¡Que m'esgallaràs els peus, ara, tia animal! —es queixà ell.

—No sé com encertar-ho... —es va queixar ella, molt preocupada.

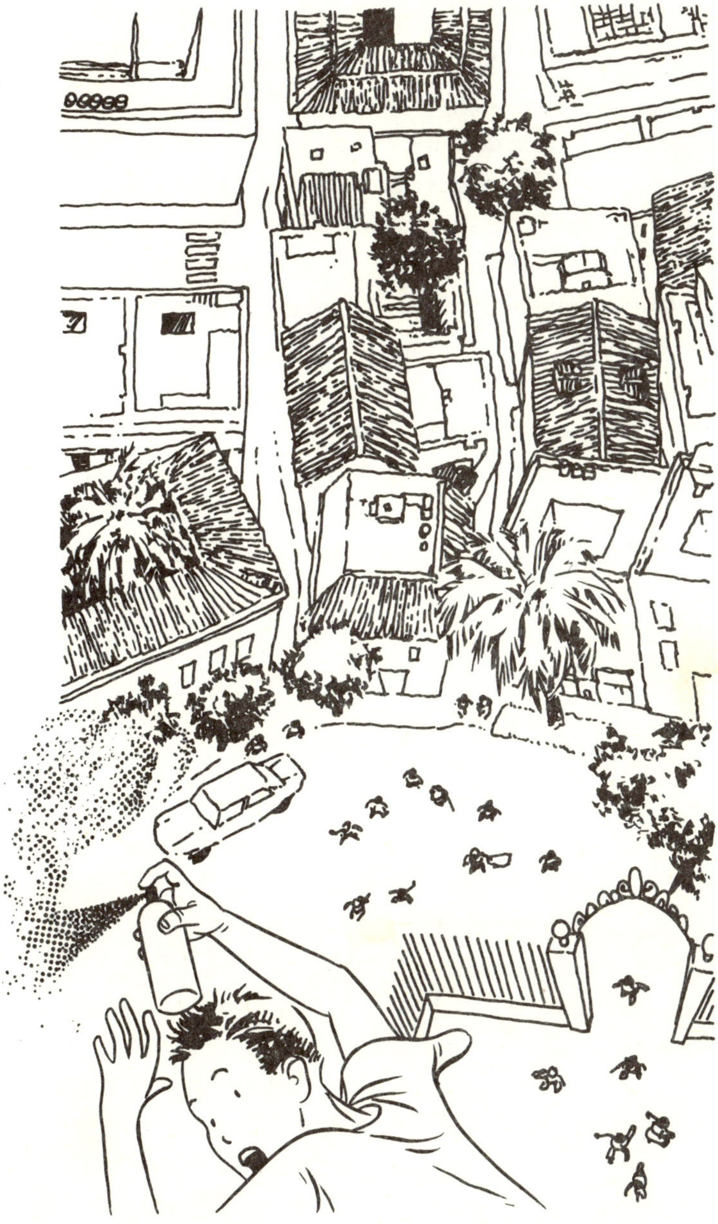

—Agafa'm fort..., però no tant —va dir Raül, a qui havia sabut mal haver-li cridat tan fort.

Mentre els dos homes continuaven pujant l'escala del campanar, acudia més i més gent a la plaça. I entre la gent, hi aparegué Eusebi, el tutor de Raül i de Letícia. Va mirar cap amunt i no va tardar a cridar:

—¡Mare meua, Raül Tàrrega! ¿És possible?

I va arrancar a córrer cap a l'església i es va enfilar també campanar amunt, tan de pressa com podia.

Però van guanyar-li la partida els altres dos homes que anaven davant. Aquests, en arribar al terrat del campanar, panteixant de cansament, van córrer cap a Raül, el van agafar ben fort, davant la sorpresa de Letícia, i van baixar-lo amb tanta precipitació que el feren topar de morros en terra. Ell, que estava ultimant la darrera lletra d'Anthrax, els flità sense voler la cara amb l'esprai roig.

—¡Per poc no em deixen acabar! —va protestar, mentre Letícia es quedava muda, sense saber què fer ni què dir.

—¡Mocós, més que mocós...! —bleixava l'home gran—. ¡Quin ensurt ens has pegat, mocós més que mocós!...

—¿Però quin mal he fet jo, eh? —va protestar Raül.

—Home, et poses en un greu perill, i dius quin mal has fet. ¿Què volies? ¿Baixar volant?

—Jo l'agarrava —va dir Letícia.

—Sí, ella m'agarrava... —va corroborar Raül.

—¡I jo també us agarraré, poc trellat! —va dir Eusebi traient el cap per la portella de la terrassa—. ¿Però, és que ja no teniu sentit del que està bé i del que no?

—¡No s'acoste! —va amenaçar-lo Raül amb l'esprai en veure la cara del seu tutor, desencaixada a causa de l'esforç que havia fet per pujar corrents com una fona els cent vint-i-sis graons de l'escala del campanar i els vint-i-quatre de l'escala de ferro.

—Mira, no jugues amb mi, que d'una puntellada et faig volar... —el va amenaçar el seu tutor.

—Home, sí que estaríem bons —va protestar l'home gran—. Després de l'esforç que hem fet per baixar-lo d'ací dalt, que vosté el fera volar...

Raül es va veure perdut, rodejat de tres homes.

—Bé, si em deixen, faig en cinc segons un grafiti a la banda de dins, ¿eh?... És que tinc un nervi que no puc parar... A veure si així em calme...

—No tens remei, xicot... —va dir vençut i derrotat Eusebi—. Fes el que vulgues, però ràpid, que em faràs perdre la paciència en classe i fora de classe...

—Escolte, ¿que és alumne seu, aquest?

—Sí, senyor...

—Llàstima li tinc, de veritat... —va dir l'home més jove.

I quan Raül va acabar de fer el grafiti, van baixar tots campanar avall.

L'home de la càmera va deixar enregistrada per a la història local la intrèpida aventura de Raül. Però no era l'última.

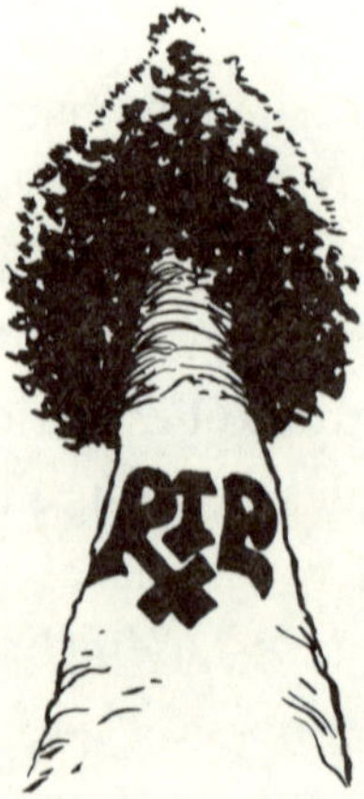

4
El mort vivent

Mentre una tia de Letícia, present a la plaça, s'encarregava de dur-la a casa, Eusebi va dur Raül a la seua. Quan els pares de Raül van veure entrar el seu fill i el tutor per la porta, amb el semblant tan greu, es van astorar d'allò més, naturalment. I van escoltar amb gran preocupació la breu explicació que Eusebi els féu, perquè tampoc no volgué exagerar els fets.

—No sé què li passa, senyor mestre, a aquest tros de fill meu —va confessar la senyora Matilde presa d'un gran nerviosisme—, que d'uns dies cap ací, no té altre deliri que dibuixar unes lletres estranyes, sense mirar on. ¡I m'ho farà tot malbé! Mire, sense anar més lluny...

La mare de Raül entrà a la saleta i va desplegar un ventall.

—Mire. M'ha fet malbé el ventall que més m'estimava.

Enmig del ventall, que lluïa un pomell de roses, hi havia dibuixat el grafiti de Raül.

—¿I creu vosté que es para en palles, ell? Ara veurà...

I va entrar al lavabo i va traure una pastilla de sabó.

—¿Què li pareix, eh?

Gravat en la pastilla, hi havia el mateix grafiti.

—¡Ara veurà! —va continuar tota encesa.

Perquè la mare de Raül es posava més i més histèrica a mesura que parlava i mostrava les coses al tutor del seu fill i observava la seua cara de sorpresa. Va pujar a la primera planta de la casa i al cap d'una estona va baixar amb un grapat de coses a la mà.

—Mire, ¿veu aquesta camisa? Mire els botons, mire'ls i veurà...

Va lliurar la camisa a Eusebi i aquest, per educació, va mirar els botons. I en cada botó de la camisa, des del coll fins a baix de tot, i en els botons del puny, hi havia en miniatura, pintat amb retolador de punta fina, el mateix grafiti.

—I mire —continuava sa mare, mostrant a Eusebi el pintallavis d'un roig carmesí.

I en la punta del pintallavis hi havia gravat el grafiti.

—I m'ha ratllat l'espill del bany i cada fulla de les plantes de geranis que tinc al balcó, i mire, mire... —va alçar unes cadires i sota la petja de la cadira hi havia el grafiti.

—¿I on creu vosté, senyor mestre, que faria l'últim intent, el meu fill, de dibuixar un mamarratxo d'aquests, eh? —va dir molt enfadat el pare de Raül, un recaptador de contribucions, contagiat per sa mare. Eusebi, després d'aquelles mostres, ja no sabia què dir.

—¡Ací! —va assenyalar el senyor Mateu la seua calba.

—¿Com...? —va exclamar Eusebi, ocultant una rialleta sorneguera.

—¡El que li dic!

—Es va adormir... —va tallar la senyora Matilde.

—Sí, em vaig adormir mirant la tele, anit —va el pare de Raül pugnant per explicar-ho ell, alçant la veu—. I sentia com unes pessigolles al cap... Com si una mosca se'm passejara per la calba, ¿sap? No he de negar que ho feia amb compte, el tararot del meu fill. En això que m'avente manotada a la calba, per matar el que creia que era la mosca i... quasi em clave el retolador, ¿sap?... No li vaig pegar dos calbots perquè Déu és bo...

Eusebi es mossegava el llavi inferior, en una actitud de voler riure i rodar el cap, mostrant gran sorpresa.

—I el mal és que el nostre fill no ha sigut mai així, xe —va dir el pare—. I en qüestió d'una setmana s'ha tornat un taral·lirot que no m'explique...

—Vam anar al metge perquè es trobava amoïnat i l'ha espavilat més del compte.

Eusebi va dir:

—Crec que d'ací arranca tot, pel que he pogut deduir —va poder intervenir de nou el tutor—. Sé que el seu fill ha pres un estimulant. M'ho va dir ell l'altre dia, perquè també a classe n'ha fet ja de les seues. De manera que els volíem cridar i parlar-ne.

—¿Que n'has fet de les teues, també? —va mirar el senyor Mateu el seu fill amb ulls agressius.

—No crec que siga culpa de Raül, senyor Mateu — va dir volent calmar-lo Eusebi—. Com vostés han dit, és cosa de fa uns dies. Exactament des que van dur el seu fill al metge i aquest li va recomanar, supose que a fi de bé, l'estimulant que està prenent. Perquè Letícia, la seua amiga, també n'ha pres, de càpsules, que li les ha donades Raül i ara li passa el mateix. Letícia és la xiqueta que ha pujat en companyia del seu fill al campanar... També li ha entrat una febre per dibuixar que és massa...

—¿Què vol dir, que no hauria de prendre més pastilles d'aquestes? —va preguntar el senyor Mateu.

—Crec que haurien de parlar amb el metge, explicar-li la reacció del xiquet i que li faça alguna cosa més suau. Dic jo... Per a mi que és un estimulant massa fort...

Comptat i debatut, el tutor de Raül els aconsellà que ho consultaren amb el doctor Calbot i excusà el seu alumne per ser víctima del medicament. Mentrestant es presentaren en casa dels pares de Raül els pares de Letícia per demanar més informació del que havia passat; però després del primer ensurt, en veure el final feliç, i havent trobat les càpsules d'Estimulax com a segures culpables, tothom va acabar rient l'aventura i van quedar que demanarien una còpia de la cinta a l'home de la càmera.

Els pares de Raül van anar a la farmaciola a retirar preventivament la capsa d'Estimulax, seguint el consell d'Eusebi. Però no hi era, perquè Raül l'havia amagada.

Ell va jurar que després que va donar a Letícia les dues càpsules, en tornar cap a casa va perdre la capsa.

—¡Tu, que tornes a prendre'n, de càpsules! —digué, amenaçador, son pare, sense refiar-se'n massa.

Raül no va obrir boca. No podia enfrontar-se cara a cara amb els pares i el seu tutor. Va fer el murri, i esperaria.

Durant els tres dies que van seguir, ell i Letícia eren molt cautes a mirar on dibuixaven. Ho van fer al pati de l'escola, durant l'esplai, perquè era un lloc discret. Van dibuixar en els pals dels fanals del poble, en l'escorça dels arbres... Però a poc a poc, van embalar-se de nou i ja els feia goig la llanda de les motos, la xapa d'algun cotxe aparcat molt discretament, els bancs dels parcs... Fins que un dia, després de l'eixida d'escola, van arriscar-se a plasmar els seus grafitis en els peus nus de l'estàtua del jardí de la plaça Major.

—No ho hauríem de fer —va mormolar Letícia, amb un bri de mala consciència.

—Ja ho sé, però no puc evitar-ho. És més fort que jo —va respondre Raül.

—I a més de dibuixar-ne en els peus d'aquesta dona —va dir Letícia més conformada—, també ens en podríem dibuixar a la nostra mà.

I va començar a dibuixar-se'n un en la mà.

I van continuar en els lòbuls de les orelles, on l'un els va dibuixar a l'altre.

—¡I en cada ungla! —va exclamar Raül.

I en cada ungla es van dibuixar el seu grafiti.

Però l'aventura grossa, una més de les que acabarien protagonitzant, vindria dilluns següent quan Raül va tornar a prendre la càpsula que li tocava i va oferir-ne una altra a Letícia.

—No sé si... —va dir ella. Però no va beure ni aigua.

I al cap d'una estona, enduts per aquell pessigolleig que sentien en el més profund del cervell, segons confessaven, perderen l'esma a trobar en quin lloc estrany podrien dibuixar amb retolador, boli, llapis o esprai els seus grafitis. I anant d'ací cap allà, es van presentar als afores de la ciutat. El dia era rúfol. Havia deixat caure ja uns xàfecs durant el dia. Van seguir la carretera, dibuixant en cada un dels arbres de la vorera els seus grafitis, i es van presentar davant el camí que duia al cementeri. A banda i banda hi havia un rengle de xiprers. No en van deixar cap sense retolar. Quan es van adonar, ja eren davant la porta del cementeri, que era oberta.

—¡Ací dins sí que és un lloc guai! —va exclamar Raül—. ¿A que ningú no ha cavil·lat de fer-hi cap grafiti?

—¿Ningú mort o viu? —va preguntar Letícia.

—Viu, tia... Podríem veure on dibuixar, respectant els morts...

—Jo, on vulgues... Perquè la mà em fa mal de tenir-la parada...

I van entrar dins el recinte sagrat. Van mirar les làpides. Però el sentit comú els les féu respectar, encara que va ser més per temor als difunts, perquè no acabaven de fiar-se'n...

—Mira, la meua iaia —va exclamar Raül en passar per davant d'un dels nínxols.

—Jo també tinc un avi ací, però és més cap allà —va dir Letícia.

Van penetrar més endins, i en els xiprers, de tant en tant, deixaven cal·ligrafiats els seus grafitis.

Raül va dibuixar en la soca d'un xiprer:

—¿Quin grafiti més estrany has dibuixat? —va preguntar Letícia.

—RIP —va dir Raül.

—¿Rip? Voldràs dir rap...

—No... RIP —va insistir Raül.

—¿I què vol dir rip?

—Vol dir que descansen en pau, però en llatí. Ho vaig aprendre quan vaig ser escolà.

—Ah...

—És per la meua iaia...

Van continuar recorrent el cementeri. Van sentir veus.

—Sempre hi ha gent de visita —va dir Letícia—. Tinc unes ties que vénen dues voltes per setmana...

Al cap d'una estona es va posar a ploure finet. No en van fer cas. I va començar a caure una forta ramassada. Van córrer a buscar refugi sota una bastida que hi havia una mica més a la dreta. L'aigua regalimava pels cantons de les posts, rentava els alts xiprers i també les làpides dels nínxols. I minuts després, la pluja va començar a minvar. Va lluir, per una petita clariana, un raig de sol, i quan ja semblava que no plovia, Raül i Letícia van sentir damunt d'ells, un poc a l'esquerra, una veu que preguntava: «¿Què, plou o no plou?»

I en mirar cap al punt d'on venia la veu, van veure una mà que eixia cap a fora del nínxol i després un cap...

Perquè de moment ja no hi van veure res més. Tot i que les cames els feien figa, es tornaven grocs, i els entrava un mareig que els impedia fins i tot cridar, van començar a córrer cap a l'altra banda de cementeri, mentre sentien una veu que deia:

—¡Ei, que sóc l'obrer! ¡No tingueu por! ¡Que sóc l'obrer!

«¿I si no era l'obrer, què era allò? ¿Una trampa d'algun zombi per a agafar-los i empassar-se'ls vius?», van pensar.

Corrien com podien i no es van adonar que entropessaven de cap contra un home, l'enterrador, en girar el cantó d'una renglera de nínxols. Quasi el tomben, el pobre.

—¿On dimonis aneu per ací? —va demanar tot enfadat.

—¡Un mort..., un mort que ha ressuscitat!...

—¡Què dimonis de morts! ¿Esteu de broma o què? —va dir encara més enfurismat.

—¡Allà, allà! —assenyalaven ells en la direcció d'on venien—. ¡Ha ressuscitat un mort!

I en això, tornà a aparéixer pel cantó el mateix cap que havia eixit del nínxol, i va dir:

—Ja els he dit que sóc l'obrer, que m'havia amagat dins el nínxol per la ramassada, i no em volen fer cas...! —va dir l'home.

Però ni Raül ni Letícia no el van acabar de sentir, perquè van eixir corrent, tot creient que aquell zombi venia per ells, i no estaven disposats a deixar-se agafar.

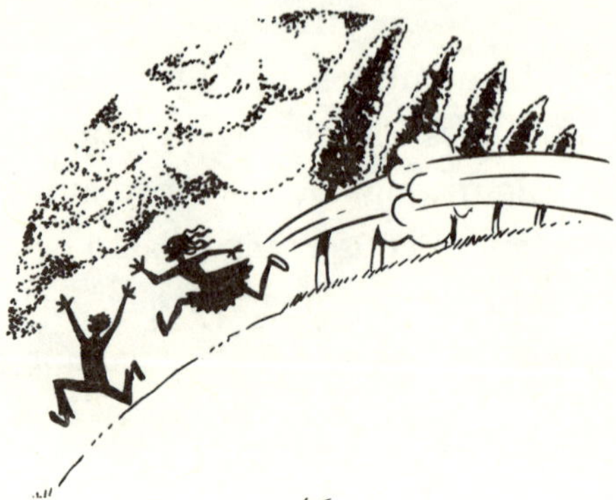

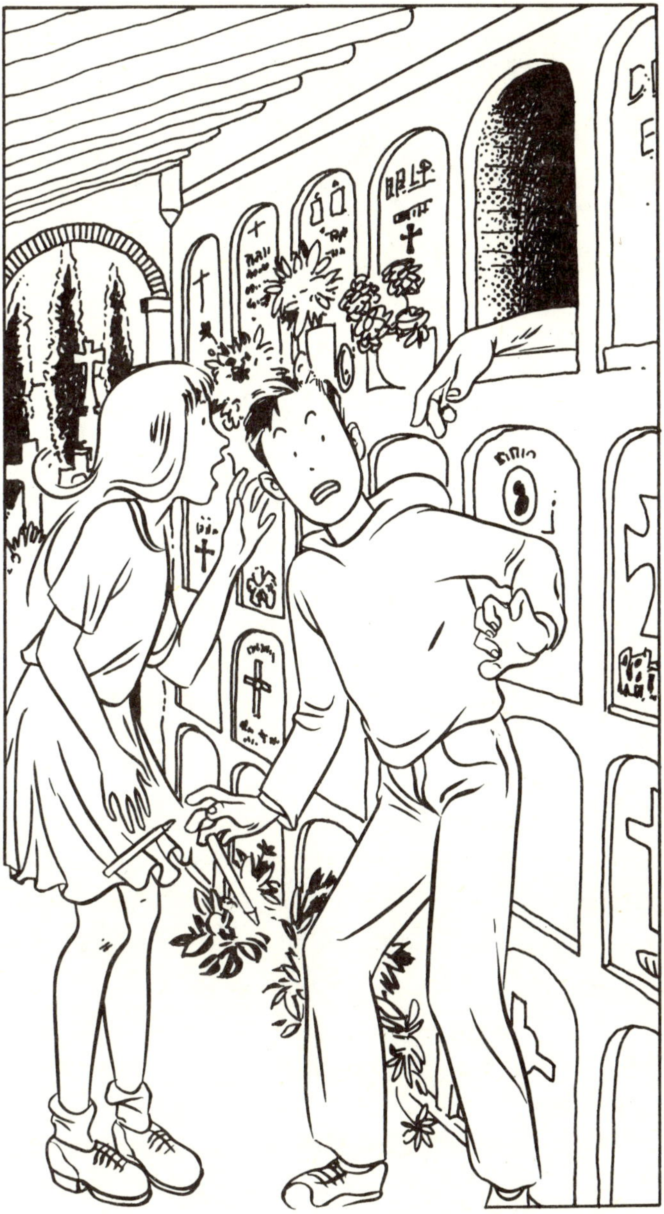

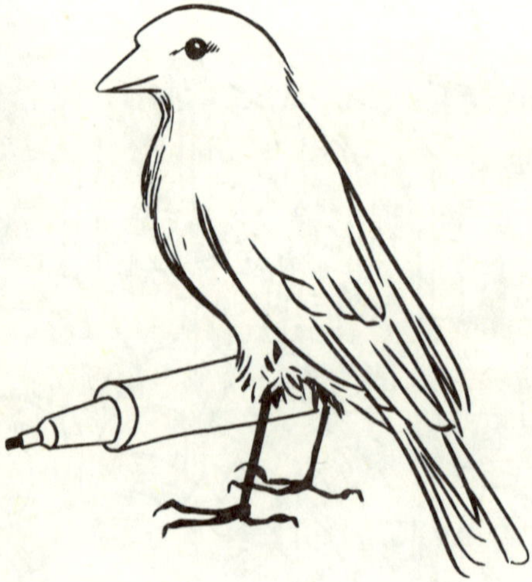

5
Una malifeta darrere d'una altra

L'ensurt que van patir al cementeri, tardarien setmanes a oblidar-lo. Era tal el nerviós que Letícia tenia l'endemà encara, que va dir a Raül, en eixir del col·legi:

—Raül, mira si estic nerviosa que necessite algun lloc en què comence a fer grafitis i no pare fins que caiga esgotada...

—¿Fins que caigues esgotada?... —va dir ell gratant-se el cap.

—Sí..., perquè aquesta nit he somiat amb el zombi del cementeri i no he dormit en tota la nit..., ¿saps? Quan em gite, aquesta nit, vull caure com un tronc...

Raül va dubtar uns segons només, perquè de seguida va dir:

—Ja sé on podem anar...

—¿On? —va preguntar més esperançada Letícia.

—A l'escala que va de la font del Pinar a l'ermita de Santa Cristina... Té només cent quinze graons. ¿Creus que tindràs prou retoladors i prou mans? —va preguntar, irònic, Raül.

—Prou mans, sí. ¿I retoladors? —va mirar la bossa—. Retoladors, n'hauré de comprar. Perquè només a deu grafitis per graó...

—Doncs passem per casa, berenem i t'espere a la plaça Nova.

I es van dirigir corrent cap a casa. Però Raül, abans d'arribar-hi, es va trobar amb un gos de pèl blanc que anava solt. El gos li va fer mostres d'acostar-se-li, remenant la cua amistosament. Raül, amb la pressa que tenia, va voler llevar-se'l del damunt, de primer, però de sobte es va parar i es va gratar el front. Va mirar el gosset. Aquest, en veure l'actitud més receptiva de Raül, encara movia la cua més de pressa, li va olorar els peus i feia gestos d'alçar-se sobre les seues potetes i arrambar-se als pantalons de Raül.

Però Raül, en la seua monomania gràfica, ja tenia clar el que volia fer. Va acariciar el caparró del ca, va ajupir-se i va donar confiança a l'animalet. I quan ja el va tenir quiet i manset, tot confiat, es va traure el retolador i va dibuixar un grafiti en el front del gosset.

—Seràs el primer gos amb un grafiti dibuixat al front —va dir. Va reflexionar i va murmurar:— Mira, potser no seria mala idea agafar tots els gats i gossos que van solts per la ciutat i dibuixar-los grafitis... Seria un mitjà de publicitat ben original... ¡Li ho proposaré a Letícia!

I va continuar avant.

En arribar a casa, va deixar la bossa a la seua habitació, va demanar amb urgència el berenar i es va preparar els retoladors i els bolis. I mentre berenava, va sentir el canari que refilava. I va pensar en el gos i en el front del canari.

—No té el front tan ample com un gos... —va mormolar.

Però entre mos i mos va eixir a la galeria de la casa, on era la gàbia amb el canari. Un canari dels grocs, grocs... Va mirar com refilava, que semblava que se li rebentava el petit coll.

—Ara t'apanyaré...

I sense tornar a fer cap nou mos, anà a l'habitació, agafà un retolador roig de punta fina i li estampà en el petit front un esbós de grafiti, perquè el canari no parava de moure el seu cabet, mentre el cor li bategava a dos-cents per minut.

—Ja ets dels meus —li va dir. I el va tornar a la gàbia.

Va continuar berenant. Quan ja no pensava en el canari, amb el darrer mos a la boca, va sentir que sa mare, des de la galeria, feia un crit d'astorament.

—Ai, mare, ¿què li ha passat al pobre canari? ¿Què li deu haver passat?... ¡Raül!... ¡Raül!...

Però Raül va agafar els retoladors i, pegant una forta portada, va eixir escapat de casa. Tan de pressa anava pel carrer, que va ensopegar amb Xana, una altra companya de classe, quan eixia de sa casa.

—¿Que t'acacen els grafitis? —va bromejar ella.

—No... —va contestar ell abans d'adonar-se de la ironia de Xana.

—¿I on vas corrent tant?

—He quedat amb Letícia.

—Segur que aneu a dibuixar. ¿Que hi puc anar?

—¿Com ho saps?

Xana li va mirar la bossa de plàstic.

—Ah...

—¿Què dius? —va insistir ella.

—Si has de venir, de pressa...

I Xana va entrar a casa i va eixir de seguida amb l'estoig de llapis a les mans.

—¿On toca, avui? —va preguntar.

—A l'escala de l'ermita, a la font del Pinar.

Letícia ja els esperava a la plaça.

—Hola, Xana, ¿tu també? —va dir, tota sorpresa, Letícia.

—Com hi ha tants graons, us vull tirar una maneta —va dir ella rient.

—Crec que la necessitaré...

La font del Pinar era un indret vora la Rambla amb una deu d'aigua. Hi havia xops i acàcies que l'ombrejaven. Darrere seu hi havia un turó i sobre ell s'alçava, dominant tota la vall, l'ermita de Santa Cristina. Els vells asseguren que no hi ha els mateixos graons si els comptes pujant —cent quinze— que si els comptes baixant —cent catorze.

Els tres amics van mirar l'escala, amb els seus graons enllosats de pedra roja.

—Si em pagaven, no ho feia —va mormolar Letícia—. ¡Però he de matar els nervis! —afegí amb decisió.

Va traure els retoladors i va començar pel primer graó.

—Dibuixaré el meu nom deu vegades en cada graó.

—I nosaltres també... —van dir Raül i Xana.

I com els graons eren estrets, van combinar-se de manera que cadascun d'ells pintava el de baix o el de dalt al que pintava el del mig.

Van fer els quinze primers. Els trenta. Els quaranta-dos. I es feia tard.

—¿Voleu dir que els acabarem? —va preguntar Xana.

—Si no avui, demà —van contestar alhora Letícia i Raül.

—Tinc la mà que em fa mal, ¿sabeu? —confessà Letícia.

—A mi les cames, d'estar ajupida —va dir Xana.

—La millor manera, ara que ho pense, seria dibuixar el que fa dos més amunt. Podríem fer-ho més estirats —va proposar Raül.

—Crec que tens raó —va dir Letícia, mentre ho provava.

—Tu és que ets més llarga —va protestar Xana, que era d'una alçada normal.

I és que començaven a sentir el cansament.

En això van sentir unes veus que els escridassaven des del peu de l'escala. Van mirar i van veure un home que els increpava i que feia acció de voler pujar.

—¡¡Els rurals!! —van exclamar. I van recollir de pressa les bosses i l'estoig amb els llapis i retoladors.

Els rurals, en veure la precipitació amb què recollien les seues coses, van creure que estaven fent alguna malifeta i van sentir l'impuls innat d'atrapar-los i començaren l'ascensió de l'escala. Però els tres amics no es van quedar a veure-ho i pujaven més de pressa que si les baixaren. I en arribar dalt de l'ermita, al replà, es van tirar a la dreta, seguint el camí que duia cap a la ciutat.

No van tardar a adonar-se que els rurals ja no els seguien.

—¡Que emocionant! —va exclamar Xana—. ¿Sempre us passa igual?

Letícia i Raül es van mirar.

—De vegades és pitjor —va dir Letícia, tot recordant el zombi del cementeri—. Però espere que ara em calmaré una miqueta, després d'aquesta correguda.

Van arribar a la ciutat. Ja començava a fosquejar. Però Xana s'havia quedat amb ganes de continuar. Així ho va dir.

—¿I què vols que fem? —va dir Raül.

—No ho sé... Podem dibuixar-ne en altres llocs, encara que no sé si queda cap tros de paret o d'arbre on no hi haja els vostres grafitis...

—Vés mirant —va insinuar Letícia.

—Jo havia pensat de dibuixar-ne en els gossos que van solts pel carrer —va dir Raül.

—¿Què vols dir? —va demanar Xana.

I Raül va explicar el que havia fet amb el gos i amb el canari.

Xana se'l va quedar mirant de dalt a baix.

—I ¿no tens més coneixement, tu? Pobres animalets...

—¿Pobres per què, si no els he fet cap mal? També les dones us pinteu els morros i les celles. ¿És que no teniu coneixement? —va dir rient ell, pensant que era un argument molt convincent.

—¡Animal! —es va queixar Letícia.

—Clar que tenim coneixement, i per això ens pintem els morros, que dius tu, perquè ets més bast que una sària de matxo. Jo dic els llavis, ¿saps? I tornant als animalets, el que has fet és un abús d'autoritat.

—El gosset se n'ha anat més content que unes pasqües —va insistir Raül, que no es donava per vençut.

—Doncs jo vull que fem una altra cosa.

I mentre es dirigien cap a casa, Xana mirava on podrien dibuixar que no ho hagueren fet abans. En passar per davant d'una finca, Xana va veure com uns veïns eixien de l'ascensor.

—¡Ei, ja sé on! —va exclamar.

—¿On? —va dir Raül.

—A les portes dels ascensors... —va contestar.

—¿A les portes dels ascensors? —va dir incrèdula la Letícia.

—Serà emocionant, tu —va reaccionar Raül—. Un veí que baixa, l'altre que puja... A veure com ens ho fem per esquivar-los.

—No sé... Però és embrutar una cosa que no és nostra —els va advertir Letícia—. Parlàveu dels gossos i ara...

—No sigues tan *remilfequis* —va protestar Raül.

—¿Tan remil què? —va dir Letícia.

—Remilfequis, crec que he dit.

—¿I què vol dir?

—Que tens massa miraments, tia. I si mirem que els gossos no i les parets tampoc, ja veig jo que haurem de dibuixar-nos-els a la cara...

—¿I tu creus que jo sóc una remilfequis, jo? —va contestar Letícia tota ofesa—. Nanai, tio. Trieu el primer ascensor, ¡a veure qui és el primer que es fa arrere!

Més avant hi havia una altra finca. Raül va tocar un timbre. En contestar-li des del porter electrònic va dir que venia a buscar la senyora Maria Dolç —un nom que va llegir en els rètols que hi havia vora el portal—, però que no sabia quina porta era. La veïna, sense més miraments, va obrir la porta d'entrada. De pressa i corrents van dibuixar el primer en la porta de l'ascensor. I el mateix van fer en tres finques més.

Però aquell dia no era el de la sort. En la finca següent, quan eren a mig dibuixar el grafiti, van sentir que un veí, el del primer pis, baixava a peu. Perquè no els enxampara dibuixant, van entrar a l'ascensor, van prémer el primer botó que van trobar a mà i l'ascensor va començar l'ascens.

—¿Quin botó has tocat? —va preguntar Xana.

—El nou o deu —va contestar Raül.

—¿I per què vols que pugem tan alts? —va protestar ella.

I sense pensar-s'ho dues vegades, va prémer el botó de stop. L'ascensor es va deturar, però després no hi hagué manera que es tornara a posar en marxa. Ni prement el de la planta baixa, ni el del pis quart ni el del seté. ¡No cap!

—¿I ara què fem? —va dir Xana amb un nus a la gola.

—Tocar el timbre d'alarma —va dir Raül amb tranquil·litat.

I mentre sentien que des de la planta baixa algú pegava palmades a la porta de l'ascensor i el demanava, ells van començar a fer sonar el timbre d'alarma. De seguida es van sentir unes veus que deien:

—Algú s'ha quedat tancat dins l'ascensor.

I a poc a poc, se sentien les veus dels veïns que eixien als replanells de les plantes i preguntaven qui s'hi havia quedat tancat.

—No ho sabem.

—És a la planta set —va dir una veïna—. És en aquesta mateixa planta, la set —va repetir.

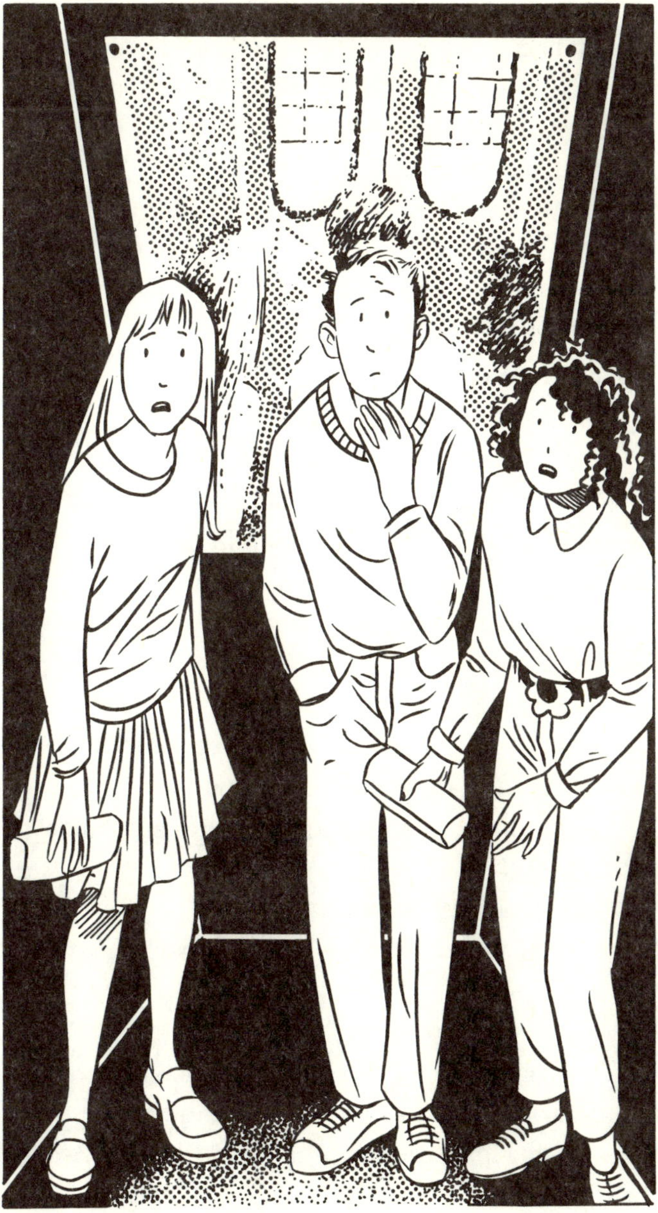

—Jo diria que és a la sis —va dir un veí, des de la planta sis.

—No res, que ens hem quedat entre la sis i la set —va dir Letícia molt nerviosa—. Ara hauran de venir els bombers a traure'ns...

—¿Els bombers? —va dir emocionada Xana—. ¡Que guai, tio!

—¿Que guai? —contestà Raül bocabadat—. ¡Índia, si t'arribem a donar Estimulax!... Tu capgires la ciutat panxa per avall...

—¿Què dius? —va preguntar Xana.

—No res, tia.

No res, perquè els crits dels veïns, preguntant qui hi havia dins l'ascensor, els dificultava sentir-se bé.

—¿Qui hi ha dins l'ascensor? —va repetir una veu d'home.

—Nosaltres —va contestar Raül.

—¿I qui sou vosaltres? —van repetir tres o quatre veus alhora, masculines i femenines.

—Nosaltres —van contestar els tres amb una veu escanyolida.

—Són xiquets —va dir una dona.

—¿Sou de la finca? —va demanar la mateixa veu.

—No, senyora.

—¿I què importa si són de la finca o no? —va preguntar un home—. Igual els hem de traure, ¿no? ¿Qui té una clau per a obrir la porta de l'ascensor?

Un veí assegurava que Lluís el del quart tenia una clau per a obrir-ne la porta. I tot eren veus demanant que avisaren Lluís.

Quan Lluís va aparéixer, va obrir la porta de l'ascensor de la planta sis, però l'ascensor s'havia quedat de manera que els tres xiquets ni podien eixir per la planta sis ni per la set.

—Haurem de pujar o baixar l'ascensor. No tenim més remei que pouar-los —va dir Lluís.

En això van sentir una veu que deia, molt enfadada:

—¿Heu vist que ens han emmerdat la porta de l'ascensor de la planta baixa?

—¡Ai, mare!... —va dir Letícia—. Ara sí que no ens trauen...

—¿Que han emmerdat la porta? —van repetir unes veus.

—Sí. Hi han fet un dibuix estrany...

—Fa una estona, quan jo he eixit, no hi havia res —va dir una dona.

—¿Com ho havies de veure, si és a la part de fora? —va protestar un home.

La dona va contestar:

—També tens raó,

—¿No hauran sigut els que estan tancats? —va preguntar un altre home.

—¿Però els pouem o deixem que s'hi queden tota la nit? —va dir una dona, recriminant els altres que deixaren de pensar en les criatures.

—Jo tinc la clau de l'habitació de les màquines

—va dir un home—. Si m'ajudeu, jo sé com moure l'ascensor.

I van pujar amb ell tres homes més. Van desconnectar la llum, van llevar el fre de l'ascensor i mecànicament van abaixar l'ascensor fins a la planta sisena. Els tres amics havien fet esforços per amagar-se dins la camisa o les bruses les bosses i l'estoig amb els llapis i retoladors. Però Xana, per més que volia, no podia evitar que se li notara el bony. Després que els veïns van mostrar alegria pel resultat feliç de l'incident, en preguntar-los on anaven i no trobar resposta a la pregunta, la dona que havia denunciat la pintada a la porta de l'ascensor, va dir:

—Encara hauran sigut ells els que han pintat la porta.

—No, senyora —va dir Letícia amb veu emporuguida.

—¿I què amaga la teua amiga ací dins? —va repetir ella.

—A veure si encara els acabarem d'esglaiar més —va protestar la mateixa dona d'abans, més sensible—. Ja han passat prou d'ensurt les pobres criatures perquè ara les acusem d'una pintada.

Els tres amics, en veure la defensa de la dona, van aprofitar l'ocasió per a enfilar l'escala cara avall i baixar-la cada segon més de pressa. La veïna que havia denunciat la pintada, va dir encara:

—Vés i fia-te'n.

Però ni Raül, ni Letícia ni Xana, es van parar a excusar-se. Només quan eren al carrer, Xana va renegar:

—Ja us deia que no féiem ben fet...

Letícia, després de tanta emoció, va dormir tota la nit d'una sonada.

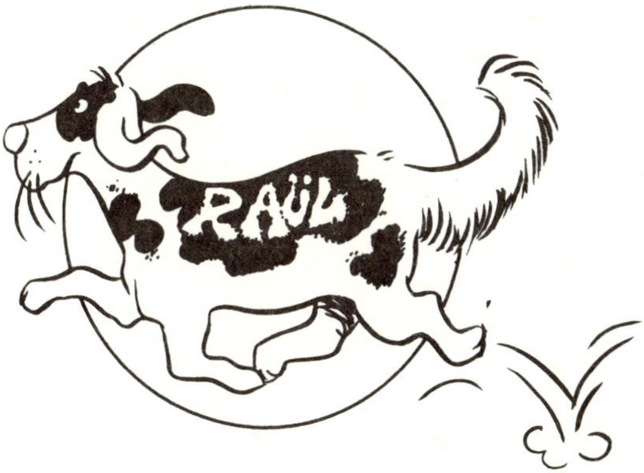

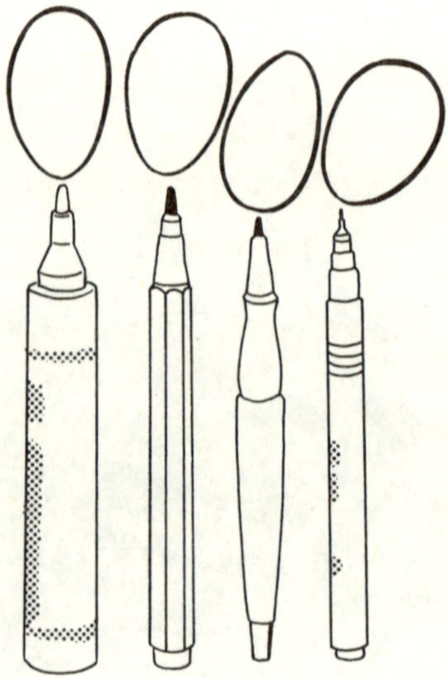

6
Del supermercat al circ

Xana va contar a Xavier, a Raquel i a Oriana les aventures de la vespra. I aquests ho van contar a Anna i a Mehdi, un iranià que feia un any que havia arribat a la ciutat. I de seguida es va assabentar tota la classe. I Toni va dir a Raül que ell volia ser del grup dels grafitis i que havien d'eixir a dibuixar-ne en algun lloc.

—Ja veurem —va dir Raül.

—Podríem dibuixar-ne al mas del Salandó —va insinuar Toni.

—¿El mas del Salandó? És un mas sagrat. Mon pare m'ha dit que tots els Tàrrega procedim d'aquest mas. I jo sóc un Tàrrega —va dir Raül amb orgull.

—¿I la torre Bernat? Pegaríem el colp —va insistir Toni.

—¿Tu ets boig, tio? —es va enfadar Raül—. ¿Què pretens, que emmarranem tot el patrimoni històrico-cultural? Tu pegues el colp pintant les pedres de la torre, i no hi ha prou colps al cap que ens facen pagar la malesa, tio. Les nostres maleses han de ser biodegradables, ¿m'entens?

—¿Biodegradables? —va preguntar Toni, sense entendre massa el sentit de la paraula.

—Sí... Maleses que es puguen reparar o solucionar. ¡Però veges com canvies un mas o una torre tan antics per uns altres, si els fas malbé!

—Ah... —va exclamar Toni—. Crec que ja ho he entés.

A l'eixida d'escola, a migdia, hi havia un home repartint invitacions per al CIRC RUS que havia d'actuar aquell vespre. Tots els xiquets se li van tirar damunt, com si els hagueren de faltar les entrades.

De camí a casa Toni va insistir:

—¿I si dibuixàvem els grafitis a les orelles dels elefants? Pegaríem el colp quan isqueren a la pista.

—¿Dibuixar-los a les orelles dels elefants? —va repetir Letícia.

—Sí. Són tan grans que amb esprai els en podríem dibuixar. Seria graciós, tio... —va explicar Toni, emocionat.

—Però ja no tenim esprai. A més, són uns pobres animals —va dir Raül recordant el que Xana havia dit sobre el gos.

—Jo tinc diners per a comprar esprai. I no faríem cap mal als elefants, perquè com tu has dit, seria una malifeta, però innocent i biodegradable; vull dir que rentant-los les orelles, no passava res —va insistir Toni.

—Ja et contestaré aquesta vesprada —va replicar Raül—. Ara tinc una gana que no puc pensar-hi bé.

I naturalment, Raül va contestar que sí. Van deixar les bosses a casa, van berenar i es van trobar davant del súper. Hi van entrar a comprar dos pots d'esprai. I una vegada dins, la febre pels grafitis els va jugar una mala passada. Perquè a Raül, en passar per davant dels prestatges on hi havia els ous, li va entrar una tremolor —va imaginar què divertit seria dibuixar un grafiti en cada ou, i deixar-los-hi tan ben col·locats, a les oueres— que no va poder fer una passa més.

—¿Què fas, parat com un estaquirot? —li va dir Xana.

Raül va assenyalar amb la mirada les muntonades d'oueres que hi havia a mà dreta.

—¿Què? —va preguntar Xana.

—Els ous... —va mormolar Raül—. Els ous..., ¡mira si n'hi ha! Dins de cada ouera n'hi ha una dotzena...

I es van quedar tots mirant-se les oueres. S'hi van acostar a poc a poc.

—N'hi ha de blancs i de rojos —va dir Toni.

—D'un i de dos rovells —va afegir Letícia.

—De granja i casolans —va informar Xana, que no volia ser menys.

Raül es va traure dos retoladors de punta fina. Se'n va quedar un i va dir:

—Un altre em pot ajudar i la resta espieu.

Toni, com encara no havia intervingut en cap aventura, va tirar mà del retolador. Ell i Raül van agafar cadascun una ouera i amb dissimulació, com si observaren la qualitat dels ous, van començar a dibuixar grafitis en cada un dels ous. Dels blancs i dels rojos, dels d'un rovell o dos, dels de granja i dels casolans.

Dues vegades va passar un empleat del súper i van dissimular. Però aquella parada tan prolongada no podia fer més que alçar sospites. I per més que van estar atents a les anades i tornades dels empleats, quan menys s'ho esperaven, en van aparéixer dos per la dreta i dos per l'esquerra seguits d'un altre senyor, que era l'encarregat en persona.

—¿Què passa? —va dir, mentre els altres empleats flanquejaven l'eixida als quatre xiquets.

—No res... —va excusar-se Letícia.

—No res i fa mitja hora que esteu ací plantats... —va estranyar-se l'encarregat mentre s'acostava a les oueres.

—És que no sabem quins ous agarrar... Si blancs o rojos, si d'un rovell o dos... —va dir Toni.

—O si de granja o casolans —va dir Xana reblant el clau.

L'encarregat va agafar una ouera, la va obrir, va examinar amb detenció els ous i va dir:

—Aquests són casolans i blancs... Us els recomane.

Els quatre amics van alenar tranquils, perquè l'encarregat havia agafat precisament l'ouera que tenien preparada per continuar dibuixant els grafitis.

—El que volem —va intervenir Raül, fent mitja volta—, són dos pots d'esprai. Un de negre i un de roig, ¿sap? ¿On són?

—¿Que després d'estar mitja hora examinant ous el que voleu són dos pots d'esprai?... —va dir l'encarregat posant cara de pomes agres—. Sí que aneu despistats, ¿no?

—És que ma mare vol ous o esprai. I crec que no porte prou diners per a tot —es va excusar.

—Acompanya'ls —va manar l'encarregat a un dels empleats.

I l'empleat els va dur on hi havia els pots d'esprai. Però l'encarregat i dos empleats més van quedar-se on eren els ous. Detall que no va passar desapercebut als quatre amics. Es van mirar, van deixar que l'empleat continuara avant i van dirigir-se cap a l'eixida, dissimuladament, primer, però en sentir el crit de l'encarregat, que els manava que s'esperaren, van córrer cames ajudeu-me, perquè no estaven disposats a quedar-se tots els ous dibuixats, perquè, van imaginar veloçment, les mares els els haurien servit a cada menjada en truita a la francesa, en truita de creïlles, passats per aigua, durs o caiguts... ¡O en mona de Pasqua!

Quan ja es van trobar al carrer estalvis de les mans de l'encarregat, Toni va dir:

—Jo no renuncie a dibuixar els grafitis a les orelles dels elefants. Són les sis; encara tenim una hora. Podem comprar els esprais en l'altre súper que hi ha més avall.

—Sempre que passem de llarg per davant dels ous —va matisar Xana.

I així ho van fer. Amb els esprais dins la bossa es van dirigir al Pla de l'Hostal, on hi havia estacionat el Circ Rus. En un costat hi havia quatre caravanes, tres furgones grans i dos camions. I enmig de l'ample solar, s'alçava la carpa. Hi havia xiquets que jugaven pel solar. Gent gran que eixia de la carpa o hi entrava enllestint els detalls, pels sorolls que s'hi sentien. Una xica jove, molt morena, assajava amb unes pilotes...

Però a Raül i els seus amics els interessava on eren les gàbies amb els animals. Amb dissimulació, van espiar les furgones i els camions. No van veure cap animal, ni gran ni menut, ni dins dels camions, ni dins de les furgones, ni a fora.

—Els deuen tenir dins del circ, ja —va dir Letícia—. Haurem d'entrar-hi.

—Resultarà difícil —va confessar Xana.

—¿Difícil? —va contestar Toni, fent el valent—. Jo no me'n torne a casa sense dibuixar els grafitis.

I van avançar, amagant-se darrere els camions, fins tenir davant seu la part posterior de la carpa.

—Hi ha com si fóra una porta —va dir Xana.

—És per on deuen entrar els actors i els animals —va dir Toni—. Ja ho tenim clar. Ens hi colem, dibuixem els grafitis a les orelles dels elefants i ens n'anem, tios... ¡Seguiu-me!

I sense pensar-ho més, corbant l'esquena a fi de passar més desapercebuts, Raül i Toni es van dirigir cap a la porta posterior de la carpa. Letícia i Xana els van imitar. Raül va espiar l'interior. Amb la mà va fer senyal que el seguiren i hi van entrar. Hi havia una mitja claror només.

—Som darrere del teló —va dir Xana.

—No voldràs que siguem a primera fila —va mormolar Letícia.

—No crideu... —va advertir Raül—. Són a la pista. Ens podrien sentir. A veure si veiem on són els elefants.

—No deuen estar lluny, perquè sent pudor a animal... —va dir Letícia.

Van mirar a esquerra i dreta. A l'esquerra van distingir unes gàbies. I al fons, una gran ombra.

—Allà hi ha un elefant, almenys —va dir Toni.

S'hi van acostar, ocultant-se, per no ser vistos. Hi havia quatre gàbies. Una era buida. En cadascuna de les altres hi havia un lleó engabiat. Els lleons estaven gitats. Van veure passar els quatre xiquets i ni es van immutar.

—Els deuen donar a beure vi perquè estiguen endormiscats —va explicar Xana.

—¿I d'on t'ho has tret, això? —va preguntar Letícia.

—¡Només hi ha un elefant! —va tallar Raül, despagat.

Era un elefant vell, de mirada trista. Estava lligat d'una pota. En veure els xiquets, va moure les orelles, com si les volguera mostrar, coneixedor de les seues intencions. La trompa li penjava com si li pesara.

—Em sap mal que li hàgem de pintar cap grafiti a les orelles —va dir Xana.

—No sé per a què hem vingut, si no —va dir Letícia.

—Li dibuixarem a l'orella dreta HIP i a l'esquerra HOP, ¿us pareix bé? —va preguntar Toni.

—Sí —va contestar Letícia. Xana va callar.

—Jo puc fer el de la dreta i tu, Raül, el de l'esquerra.

—Bé —va mormolar.

Toni es va acostar a la part dreta de l'elefant.

—Però no para de moure les orelles —es va queixar.

—Es venta perquè té calor, l'animalet —va tornar a explicar Xana.

—Això sí que deu ser cert —va assegurar Letícia.

Raül i Toni van esperar que l'elefant parara de moure les orelles i feren el primer traç del grafiti, Raül en roig i Toni en negre. L'elefant, quan va sentir aquella gelor líquida, va bellugar les orelles, i en sentir l'olor a pintura, va alçar la trompa i va ensumar l'aire.

—No ho aconseguireu —va dir Xana—. Ell sap que no està bé açò que fem.

—¿Vols callar? —va manar Raül.

—Li havies d'haver donat això que tu saps —va dir Letícia, una mica molesta amb Xana—. Ella no és dels nostres.

—¿I què és això, eh? ¿Les càpsules? —va dir desafiant Xana.

No es van molestar a contestar-li.

Raül i Toni van fer el segon traç del grafiti. I l'elefant tornà a fer els mateixos moviments.

—Si ens encantem, eixirem al circ —digué Letícia queixant-se per la lentitud amb què els dos xics havien de dibuixar els grafitis a les orelles dels elefants—. Podríeu dibuixar-li'ls en un costat del llom.

—I si quan ha d'actuar el tapen, ¿què? —va contestar Raül.

—També tens raó.

Al cap de deu minuts, Raül havia aconseguit dibuixar HOP a l'orella de l'elefant. Però Toni encara no havia acabat, perquè l'elefant bellugava més l'orella dreta que l'esquerra.

—Mira si et pots aclarir millor —va dir desesperat Toni a Raül.

Raül va passar a la banda dreta. Va acariciar la trompa de l'animal. L'elefant es va deixar fer el grafiti.

—Ja està. És que no el tractes amb delicadesa. ¿Com queda, eh? —va preguntar.

—Bé —va poder contestar Letícia. Perquè de seguida van sentir passos que s'acostaven cap a on ells eren.

—¿Què fem? ¿On ens amaguem? —va demanar Xana, tota esglaiada.

—¡No podem fugir! —va dir Letícia.

—¡Ací! —va advertir-los Raül. I se n'entrà a la gàbia que era buida.

Els tres amics el van seguir i tots quatre s'hi van entaforar, es van arraulir fins a empetitir-se com Cigronet i van aguantar l'alé.

Van sentir les veus que s'acostaven. Eren veus grosses, que parlaven en una llengua estranya per a ells. Van agafar la primera gàbia i se la van endur sobre unes rodes. Uns altres van endur-se la segona gàbia. I uns tercers la tercera, la que era vora la gàbia... buida. Però els que van endur-se la tercera, es van quedar parats durant uns segons, mirant la gàbia buida. Però van continuar la seua feina. Al cap d'un moment uns altres homes van endur-se la gàbia on hi havia els quatre amics arraulits, sense donar a entendre que els havien descoberts. Els van deixar en un costat de la pista, una mica separats de les gàbies dels lleons. I ningú semblava haver-s'hi fixat, encara que els quatre amics haurien jurat que tothom coneixia la seua presència. Raül va mirar el seu rellotge. Eren les sis i quaranta.

—No crec que tarde a entrar la gent —va dir amb un fil de veu.

—¿I nosaltres què fem? —va demanar Xana a punt de posar-se histèrica.

—Veurem l'actuació sense pagar —li va contestar Toni.

—Això si no ens fan actuar... Hauria preferit pagar —va assegurar Xana—. Ja us havia dit que no fèiem bé de dibuixar a les orelles del pobre elefant.

—¡Ara ja està! I calleu, si no voleu que ens senten... —va ordenar Raül—. Mireu, ja comencen a entrar...

Efectivament. Una mare acompanyada de dos fills va prendre seient prop de la pista. I després uns altres. I uns altres...

Fins que es va omplir la sala i enmig d'una gran festa va començar l'espectacle circense. Els pallassos, l'equilibrista, la malabarista i l'elefant...

Però quan l'elefant va eixir a la pista, de seguida es va produir una forta riallada entre el públic, sobretot entre el juvenil. La xica que cavalcava l'elefant, fingia ignorar per què el públic reia tant. Fins que en baixar del llom de l'animal, va simular veure els grafitis que l'elefant duia dibuixats a cada orella...

—¡Ui, ui, Tami! —va dir, fent veure que improvisava, dirigint-se a l'elefant i al públic—. ¿Com és que a la teua edat et tornes presumit i fins i tot et pintes les orelles?...

Va mirar l'una orella i l'altra.

—Però, ¿què dic? ¡Si t'has tornat un fan del rap, Tami!... ¡Ara resulta que t'agrada el HIP i el HOP! ¡No m'ho havies dit, vell amic!

I l'elefant, com si ho entenguera, enmig del riure dels espectadors, bellugava les orelles i alçava la trompa.

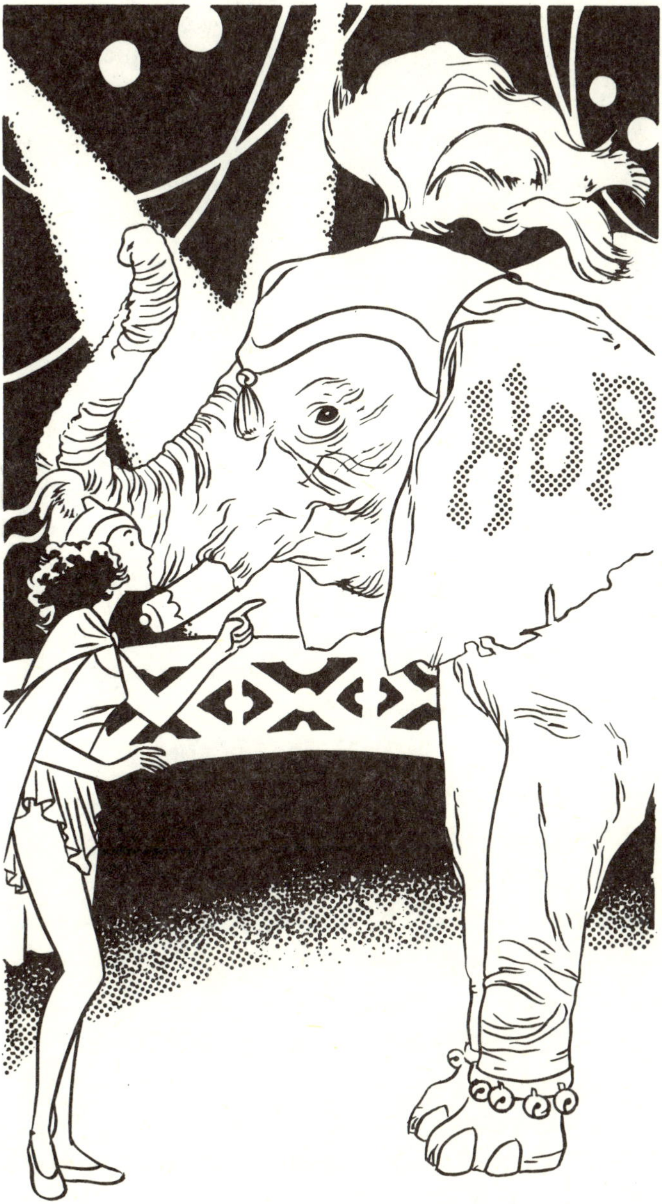
HOP

—Encara hem contribuït a fer l'espectacle —va mormolar Toni—. Hauríem de demanar que ens pagaren una part...

—Jo no tinc ganes de riure —va protestar Xana.

La xica de l'elefant continuava dient:

—Encara que també podria ser que alguns polissons no hagen tingut millor idea que dibuixar els grafitis en les teues precioses orelles, Tami...

—Crec que ens han descobert —va mormolar Raül—. Els polissons som nosaltres, tios. I si ens descobreixen...

—Podríem cridar, ara que la sala és plena —va proposar Xana—. Potser se'ns emporten pel món dins d'aquesta gàbia...

—¡Ni ho penses! Faríem riure —la va amenaçar Letícia.

—Dic jo que si era buida, ¿per a què ens han dut ací?... —va preguntar-se Toni.

—Hauries de saber-ho, perquè tot ha estat idea teua —li va recriminar Xana.

—¡Ei, ei! ¡Sense acusar ningú! —va tallar Raül—. Alguna cosa voldran fer amb nosaltres. Prompte ho sabrem...

La xica va semblar que passava de les orelles de l'elefant i va continuar:

—Però mostra'ls què saps fer tu, amic.

I l'elefant, dut de la mà de la xica, va donar mostres de les seues habilitats i la seua destresa. Uns minuts més tard, la xica i Tami es van retirar d'escena enmig de forts aplaudiments.

I va arribar el torn al domador de lleons. Van muntar a la pista una gran gàbia. El presentador va anunciar que havien de passar els lleons de les seues gàbies petites a la gran. I la primera gàbia que van acostar a la gran va ser la dels quatre amics. El domador va fingir que no s'adonava de la presència dels quatre xiquets dins la gàbia i va fuetejar els barrots de la gàbia per tal de fer-ne eixir els lleons i fer-los entrar en la gran. El públic s'estranyava també de la forma tan rara d'aquells lleons.

—¿Què fem? —va demanar Xana amb un fil de veu—. Si eixim ens domaran com als lleons...

—Precisament ara és quan hem d'eixir, perquè ens vegen tots... —va dir Letícia dirigint-se cap a fora de la gàbia petita per a entrar en la gran.

El domador, en observar el moviment de Letícia, va fer que s'espantava. I tornava a espantar-se quan darrere de Letícia va veure eixir Raül, després Xana i, finalment, Toni.

—Vegen, senyores i senyors, com uns lleons s'han transformat en unes precioses criatures —va cridar el domador de lleons—. Vegen, senyores i senyors...

I el públic, després d'uns moments de sorpresa, en veure les cares esblaimades dels xiquets, va esclafir el riure. I el domador, amb les mans al cap, i els pallassos eixint a escena, fent mostres de sorpresa... Els assistents reien cada vegada més, fins que, entre les rialles, algú del públic va dir els noms de Letícia, de Raül, de Toni i de Xana...

A poc a poc es van calmar les rialles i la jove que havia eixit amb l'elefant, hi va tornar a eixir.

—No sé per què, Tami —va fer que li preguntava—, hem descobert els polissons que t'han dibuixat les orelles, ¿no?

I l'elefant va alçar i va abaixar la trompa en senyal afirmatiu.

I de seguida, es va sentir música rap, mentre el domador invitava els quatre amics a eixir de la gran gàbia, demanant al públic un aplaudiment de simpatia, i els feia seure a la sala en uns seients buits que hi havia perquè continuaren veient la funció.

—Ens han donat una lliçó de bon comportament —va dir Letícia als altres amics.

Quan tot s'havia ja encalmat, Xana va afegir:

—Si a algú se li acut tornar a dibuixar en les orelles d'un elefant, ¡que no compte amb mi!

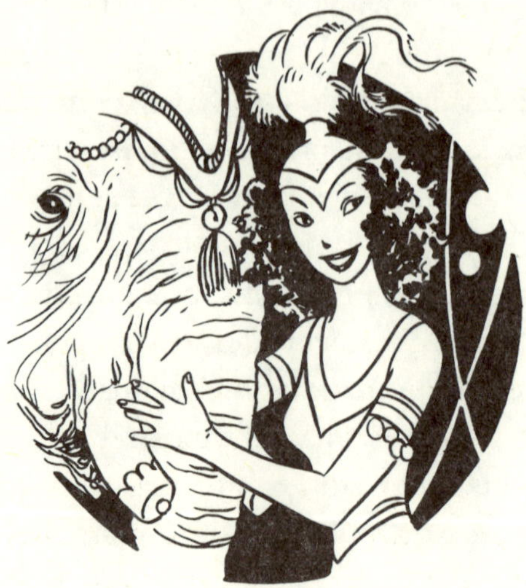

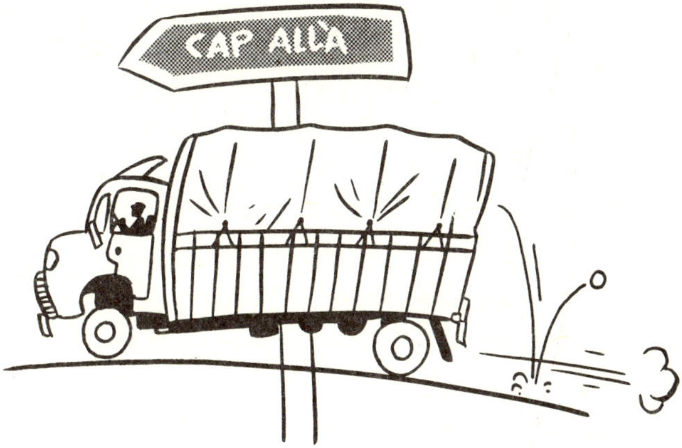

7
Un viatge a Saragossa

Després de l'aventura del circ, els quatre amics van descansar només migdia. El temps que els va durar l'ensurt de trobar-se engabiats i sentir-se tractats com lleons. Perquè al cap de dos dies, al migdia, en eixir del col·legi, tot i les advertències dels pares, que a veure si pensaven el que feien, van tornar a fer de les seues.

Era divendres. Amb tot un cap de setmana per davant. I a la bossa, els bolis, els retoladors i l'esprai que els havia sobrat. Buscant un tros de paret blanc, un tronc d'arbre immaculat, van fer cap davant la COBENEX. Una cooperativa d'exportació de taronja. I en el punt de càrrega hi havia un tràiler. I amb el Fenwick, vinga carregar caixes i caixes de taronja.

Raül es va quedar de mostra.

—¿Què penses? —va preguntar Letícia.

—Que no sé si portarem prou de material.

—¿Per a què? —es va estranyar ella.

—¿Podries comptar totes les taronges que caben en aquest camió? —va demanar.

—No... ¿No deus pensar...? —va dir amb un llarg somriure, Letícia.

Raül va fer una ganyota de connivència.

—Si penseu el que jo imagine, ¡no hi compteu! —els va advertir Xana.

Raül se la va quedar mirant. Va arrufar les celles, es va traure una càpsula de la butxaca i li la va oferir:

—Tin. Segur que ho veuràs d'una altra manera.

Xana la va refusar.

—O la prens, o trenquem —la va amenaçar Raül.

—Jo sí que en vull una —va demanar Toni.

Xana, de mala gana, va agafar la càpsula i se la va empassar.

—Tin-ne tu una —Raül en va donar una altra a Toni.

Van seguir la càrrega del camió. Al cap d'una estona, Xana i Toni asseguraven que sentien bullir el seu cervell.

—M'està entrant un desfici... —assegurà Xana.

—I jo estic a punt d'esclatar per la cabota —va bromejar Toni.

—Doncs avisa perquè ens puguem amagar —va dir rient Letícia.

—Anem i comprem una dotzena de retoladors —va continuar Raül, que anava a la seua—. Crec que ens faran falta.

—¿I si mentrestant se'n va el camió? —va protestar Xana.

—No patisques... Encara tardarà una estona.

Van córrer a comprar els retoladors en una papereria que hi havia prop d'allí i van tornar també corrent. El camió encara hi era.

—Esperarem allà —va dir Raül. I es van retirar a l'altra banda de carrer.

Quan el camió va estar enllestit, el van aparcar en un costat del solar. El xofer va tornar a dins la cooperativa.

—¡Ara, abans no el tanque amb les lones! —va dir Toni.

Perquè el remolc quedava encara descobert per la banda de darrere. Van córrer sense ser vistos i es van enfilar dalt del camió.

El camió era ple de caixes, de davant a darrere. A penes quedava mig metre d'espai de dalt de les caixes al sostre del camió. Van reptar cap a l'interior. Vint minuts més tard es van despenjar les lones, i dins el camió es va fer mig fosc. A penes entrava cap raig de llum per unes petites ranures.

—Tot ho veurem negre —va bromejar Letícia.

—Som com els gats. De seguida ens hi acostumarem —va dir Xana—. ¿Quan comencem?

—Espera que engegue, ¿no? —va protestar Raül—. Ens haurem d'organitzar, perquè si no, no ens podrem moure i no sabrem quines caixes hem anat dibuixant i quines no.

El camió va engegar el motor. Però no movia.

—Està escalfant motors —va dir Raül.

—¿I algú sap cap a on anem? —va demanar Letícia.

—Jo no... —va dir Toni.

—Jo tampoc. Però mentre no acabem la faena, ¿per a què volem saber-ho? —va afegir Xana amb un retolador a la mà, tota nerviosa.

Es va notar una forta accelerada. I el camió es va posar en marxa. Per una de les ranures, Letícia mirava com abandonaven la ciutat i agafaven la carretera.

—Ja està. Destinació desconeguda. ¡A la faena! —va ordenar Toni amb emoció.

—Tranquis, tios, que tindrem temps de sobra —va dir Raül.

—Res de tranquis, tio —va protestar Xana—. Digues per on comencem, i ja, que estic amb un desfici...

—Passarem aquelles caixes d'allà darrere a ací dins. Així farem lloc i podrem treballar millor. Després, posarem les ja dibuixades a un costat. D'aquesta manera, anirem canviant-les totes... Lleve d'ací, pose allà... ¿què us pareix?

—Guai del Paraguai —va exclamar Xana.

—Doncs... ¡a la faena! —va cridar Raül.

Es van dirigir a la part posterior del camió i van passar una pila de caixes cap al seu interior. Una vegada van tenir espai per a poder estar drets, van llevar amb compte la cel·lofana d'una caixa de taronges i, a cada taronja, dibuixaven el seu grafiti.

Aquest era el grafiti de Xana:

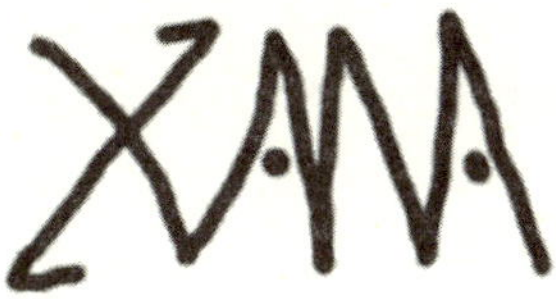

I aquest el de Toni:

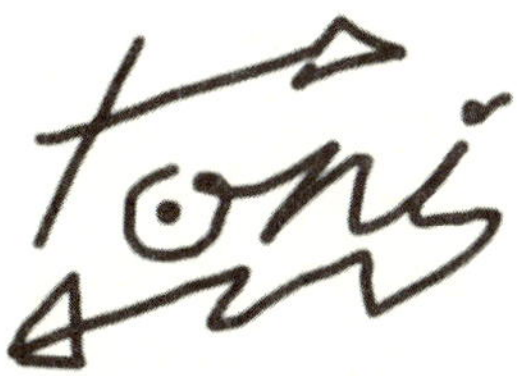

—Hem de deixar la cel·lofana ben arreglada —va dir Xana, que sempre pensava a fer el menor mal—. ¡No fem malbé la càrrega!

En poc de temps, amb les ganes que treballaven, van tenir la primera caixa. Tot seguit, la van apartar en un costat i en van agafar una altra.

Era tanta la il·lusió que els feia poder dibuixar totes les caixes i cadascuna de les taronges, que es van posar a dibuixar sense parar, aquesta taronja jo, l'altra, tu, i aquesta ens la partim. Ordenant les caixes ja dibuixades en un costat, n'agafaven una altra pilera, mentre el camió, una vegada en carretera, accelerava o minvava la marxa. Quan ja portaven set pileres de caixes de taronja, Xana va insistir:

—No sabem cap a on anem.

—Ni ganes —va contestar Raül—. ¡Tant s'hi val!

—És curiositat.

—Doncs mira-ho, xica —va dir Letícia sense parar de dibuixar.

Xana es va enfilar en una pilera de caixes i per la ranura de la lona, va estar mirant cap a fora una estona, fins que va dir:

—A Terol, 84 quilòmetres... Anem cap a Terol.

—No voldràs que porten a vendre les taronges a Tavernes de la Valldigna... —va dir Toni.

I van continuar, fins que mitja hora més tard va ser Letícia la que va dir que tenia gana. I tots van dir que en tenien. Van fer un descans per a menjar. I l'únic menú va consistir a menjar taronges d'amanida, taronges de segon plat i una taronja de postres. I van continuar dibuixant.

Al cap d'una estona, el camió parava. Letícia va mirar per la ranura de la lona.

—Para per a dinar, perquè és ple de camions, açò. I l'hora que deu ser...

—Nosaltres, a la nostra, que l'hem guanyat —va dir Raül.

I així van continuar.

Mentrestant, els pares de les quatre criatures es van alarmar davant l'absència més que anormal dels seus fills. Quan es van interessar els uns pels fills dels altres, van veure que els quatre faltaven de casa. Els pares van telefonar a familiars i a amics. I res. Ningú no els havia vistos.

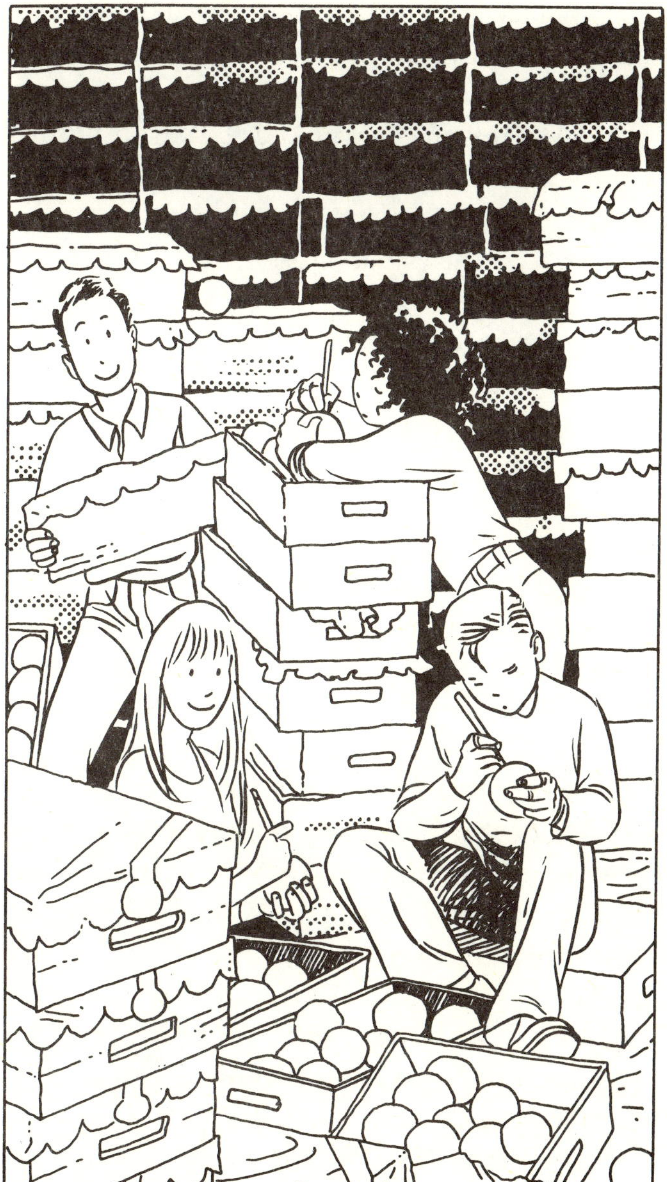

—¿Quina en deuen estar fent? —va dir mig plorant la senyora Matilde, la mare de Raül.

El senyor Kurt, el pare de Letícia, i el senyor Joan, el pare de Xana, en companyia de la senyora Carme, la mare de Toni, i de la senyora Matilde, van recórrer en cotxe tots els carrers de la ciutat i els voltants. I res. Van haver de tornar a casa.

—¿On poden ser? —es preguntaven.

I no trobaven resposta.

—Ja sé què hi podem fer... Haurem d'esperar que òbriguen les papereries i preguntar en cada una si hi han comprat bolis o retoladors, perquè amb les hores que falten de casa, en deuen haver gastat molts —va proposar la senyora Paquita, la mare de Xana.

I com faltava poc per a les cinc, es van esperar. Mentrestant, van denunciar la desaparició dels seus fills a la guàrdia urbana. A penes tocar les cinc, van començar a recórrer les papereries. I cap a les sis entraven a Papers, la papereria on els quatre amics havien comprat els bolis i retoladors.

—Sí, devien ser les dotze tocades. Dues xiquetes i dos xiquets, els recorde bé... M'han comprat bolis i retoladors... S'han gastat tots els diners que duien... Almenys sis-centes pessetes, crec recordar... —explicà el dependent, un home baixet, de pell blanquinosa i mitja calba.

—¿I no sap si han dit on anaven...? —van preguntar les mares alhora.

—No, senyores... Crec que en eixir han tirat cap a la dreta... Però no els he sentit dir res...

—Moltes gràcies, senyor... —van dir.

I en eixir de la papereria, van tombar a la dreta. I uns dos-cents metres més enllà van trobar-se amb la cooperativa agrícola. Van mirar a la dreta, a l'esquerra...

—Podem fer una volta i veure si han deixat cap rastre —va dir desesperat el senyor Kurt.

Els pares se van desplegar com un ventall. Miraren les parets dels edificis. I després, van mirar les de la cooperativa.

—No s'hi veu res —va dir la senyora Paquita.

—¿I si miràvem els troncs d'aquests horts de tarongers? —va proposar la senyora Carme—. Potser se'ls ha acudit pintar-ne cada branca...

Una vegada s'acabaven els edificis, tot eren horts de tarongers. Van observar els arbres d'ací i d'allà. Però no hi van descobrir cap senyal de res.

—¡Com si la terra se'ls haguera engolit! —va exclamar el senyor Joan, molt afectat.

—Haurem de deixar-ho en mans de l'autoritat —va sentenciar la senyora Matilde—. Ja no sabem què fer ni on anar... Aquests mocosos m'han afartat ja... Quan agafe el meu fill, ¡li he de donar grafitis fins i tot per a dinar!

—No ens desesperem —va dir el senyor Joan, intentant tranquil·litzar la resta de pares—. No crec que passe de ser una altra diableria de les seues... És molt difícil que els haja passat res greu als quatre. Almenys l'última persona que els ha vistos, els ha vistos vius —va assegurar.

I van tornar a la guàrdia urbana per informar de la declaració del dependent de la papereria.

La policia municipal es va posar en acció.

Mentrestant, els quatre amics es van fer un embull amb les caixes. Va arribar un moment que, primer una caixa fora de lloc i després una altra, quan es van adonar, havien quedat tancats.

Xana va tornar a mirar per una altra ranura de la lona.

—¡Guaita! —va exclamar—, si som a quinze quilòmetres de Saragossa...

—I encara ens queda més de mig camió —es va queixar Raül—. Haurem de dibuixar de pressa.

I van renovar l'esforç. Però al cap d'uns deu minuts, el camió començà a parar-se i engegar.

—Devem estar ja entrant a Saragossa —va dir Letícia.

—Haurem de preparar la fugida —va dir Xana.

—¿La fugida?... ¡Si ens hem engabiat com al circ! —exclamà Toni—. Ajudeu-me a apartar les caixes. Si no ens afanyem, ens atraparan com rates.

Van tornar a amuntegar les caixes el millor que podien. Però aviat van sentir més i més motors de camions. Van mirar a través de la lona i van adonar-se que ja eren dins del mercat.

—D'aquesta, no podem fugir —va dir Raül.

El camió va estacionar. Els quatre amics s'afanyaven a ordenar-ho tot. Al cap d'una estona, el camió va parar el motor. Encara hi havia moltes caixes fora de lloc.

—Si no és fava, segur que ens descobreix —va dir Letícia.

—Continuem mentre tinguem temps —va ordenar Raül.

El camioner no va obrir el remolc. Des de dins sentien que els camioners se saludaven amicalment. I que feia un vent fort. Va passar una mitja hora. De sobte, van sentir unes veus fortes. Després, el soroll del frec d'unes cordes.

—Ja estan deslligant la lona —va dir Xana.

I el soroll del ferro, el de les anses que tanquen la portella posterior del remolc.

—Ja obrin la portella.

I de sobte, dins el camió, tot es va fer més lluminós. Va entrar la llum de la vesprada, amb un sol a punt de pondre's. I una forta ventada.

Després d'uns moments de silenci, es va sentir la veu del camioner:

—Però..., ¿què ha passat ací? Diria que havia apilat les caixes d'una altra manera...

Va saltar dins la caixa del camió i va mirar les caixes de taronja. Va fer exclamacions d'estranyesa. Després va expressar indignació.

—¡Tota la cel·lofana de les caixes, solta! Com si l'hagueren desenganxada... ¡Per tots els dimonis de l'infern! ¿Però què és tot açò?

Els quatre amics estaven estirats cap al fons del camió, tapats per unes caixes. La camisa no els tocava el cos, per si eren descoberts. No gosaven ni respirar.

El camioner agafava una caixa i una altra, i totes les que agafava tenien la cel·lofana desapegada. Va baixar del camió.

—¡Sí que l'hem feta grossa! —va dir Letícia—. Pobre home, sí que està enfadat... ¡Tan ben arreglada que l'havíem deixada!

—Ha degut ser la ventada que ha fet... —va comentar Xana—. ¿Què fem?

—Esperem, perquè el sent cridar, encara. Si eixim, ens atraparan —advertí Raül.

Les veus van tornar a acostar-se. Eren tres homes.

—Entra el camió allà que farà menys vent —va dir un d'ells.

El camioner va dirigir el camió on li havia assenyalat l'home. Després, van començar a baixar les caixes.

—Poseu en un mateix muntó les que tinguen la cel·lofana desapegada —va dir el camioner—. I les altres les posarem ací.

Esperava que no estigueren totes fetes malbé.

I a mesura que buidaven el remolc, hi entrava més llum. Els homes s'acostaven cap a la pila darrere la qual eren els quatre amics. Ells ja sentien el seu respirar fort. I haurien pogut tocar-los el cap.

—Ara sí que estem atrapats —va mormolar Letícia amb la veu mig apagada. En traure les dos pileres de davant...

De sobte, un dels homes va dir:

—Ja ixen bé, les caixes.

I un altre:

—A partir d'ací ja es veuen normals...

—No ho entenc —va dir el camioner.

—Alguna ventada que et deu haver entrat... No pot ser altra cosa —va explicar un altre home—. Amb el vent que bufa...

—¿Una ventada?... Hauria fet malbé les quatre caixes de damunt, però... ¡Més de mig camió, m'ha fet malbé!... —es va queixar—. A veure qui em compra el gènere, ara... Hauré de vendre'l a preu de saldo...

I van baixar del camió.

—Et convide a una cervesa, Vicent —van sentir els quatre amics que deia un dels homes al camioner.

—No han vist la pintada —va dir Xana.

—Deu ser per la cel·lofana que cobreix les caixes —va contestar Raül.

—I perquè està fora de si, el camioner... Però si ens encantem... —mormolà Toni.

—¡Ara és la nostra! —tallà Letícia.

I van iniciar l'eixida cap a fora de la caixa del camió.

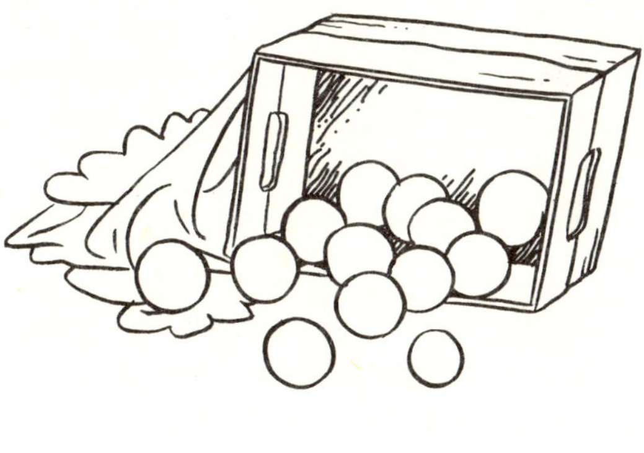

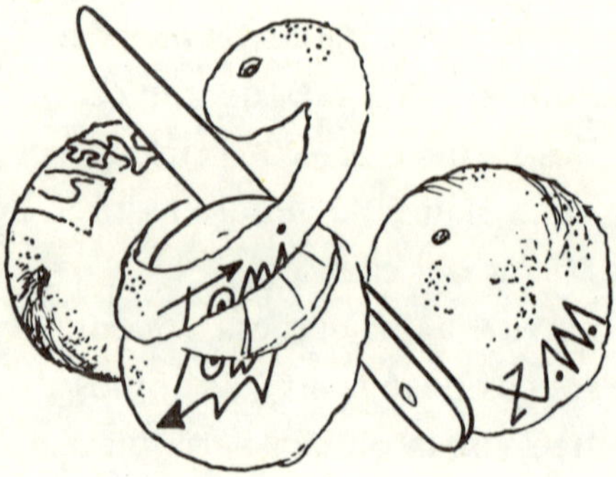

8
L'últim grafiti

El que els quatre amics no imaginaven era que en l'últim moment de tan arriscada aventura, i quan ja semblava que el perill havia passat, se'ls complicaria tot.

Perquè la part posterior del camió donava just enfront del bar on Vicent el camioner i els altres homes prenien la cervesa. Un dels homes va girar el cap, mentre feia un glop de cervesa, i va mirar a través de la finestra. Just en el moment que Letícia saltava del camió a terra. La cervesa se li'n va anar pel vedat i va començar a tossir, mentre ell assenyalava cap a l'exterior del bar. Les paraules que volia dir eren una mescla de tos i de veu gutural. Vicent el camioner li pegava a l'esquena per matar-li el colp de tos, però l'home només va poder va dir:

—A... allí... he vist sal..tar algú del ca... camió...

—¿Què? —va exclamar Vicent.

—Que ha sal...tat algú del cami...ó...

I van eixir corrent del bar els tres homes i quatre més que se'ls van afegir. Vicent deia, mentre eixien:

—Ja deia jo que una ventada no em podia fer tant de mal...

—¡Per allà va algú corrent! —va dir un home, de panxa grossa, alt i fornit.

—Despleguem-nos en ventall —va dir un altre, més prim, de pell colrada i cabell atzabeja.

Es van desplegar en la direcció que havia assenyalat l'home. Els quatre amics no van tardar a adonarse que els perseguien.

—Entrem en el mercat —va dir Raül—. És l'únic lloc on ens podem amagar.

Van entrar en el mercat de Saragossa. Allò era immens. Hi havia mercaderies i més mercaderies. Tot un batibull de mercaderies i de gent que cridava, de gent que transportava caixes i basquets de fruita i de verdures d'un lloc a l'altre; vedelles, porcs, corders... tots en canal.

—¡Quin maremàgnum! —va exclamar Xana.

—Correguem —va proposar Raül.

I en veure que no els encalçaven, es van parar i tranquil·lament es van amagar darrere d'unes caixes de melons d'Alger.

—Ara pots menjar melons d'Alger en primavera —va dir Letícia.

—En això pensava —es queixà Toni—. Anem a poc a poc a veure si podem eixir per una altra porta sense que ens vegen.

I van iniciar la marxa, espiant si els perseguien els homes o no. Van recórrer un bon tros de mercat. Però quan ja no s'ho esperaven, van sentir:

—¡Allà van!

I van veure tres homes darrere seu. Van començar a córrer de nou. Van saltar per damunt d'una muntonada de cols, d'uns basquets de préssecs, van tombar unes caixes de pebreres de torrar i van ensopegar amb un carret que transportava mig bou en canal. Davant els crits dels homes que els acaçaven, mig mercat va seguir la persecució. Fins que Xana va ser capturada per un d'aquells homes.

—Vine, preciosa, que la mare et vol donar el biberó —va bromejar, en veure la poca edat de Xana.

—Jo no prenc biberó, ¿sap? —va protestar ella, refent-se de ràbia per haver estat capturada.

—Ara veurem...

Raül, Letícia i Toni es van adonar que havien enxampat Xana. S'havien ocultat entre una muntanya de lletugues, a uns deu metres d'on Xana havia estat capturada.

—¿Què fem? —va dir Letícia—. No la podem deixar sola.

Fins a ells arribaven els crits de ràbia de la seua amiga.

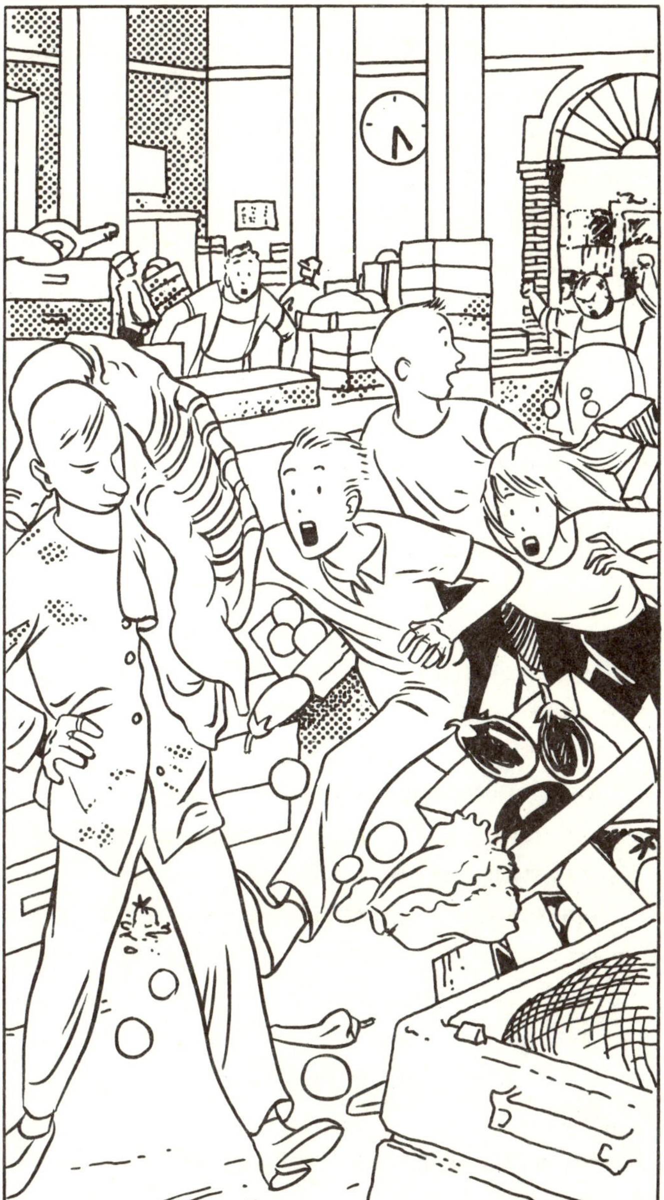

—No, no la podem deixar sola... Ho pagaria ella només —va acceptar Raül—. Però aquests homes deuen estar molt furiosos. Esperem un poc que es calmen.

Xana, en veure que molts dels homes es prenien amb humor el que Vicent el camioner els contava, es va tranquil·litzar.

—De manera que vau pujar en el mateix poble... —repetia Vicent—. ¿I de qui ets filla, tu? —va preguntar.

—A mon pare li diuen Joan Ribes —va dir ella.

—¿Joan Ribes? Jo en conec un, de Ribes —va dir Vicent—. ¿En què treballa?

—És fuster...

—Vaja, ton pare deu ser Baptiste *el Canasto*...

Xana ho va afirmar amb el cap.

—Filla de Baptiste *el Canasto*... —va repetir el camioner—. Ara quan li ho diga... ¿I qui són els altres que venien amb tu?...

Xana no volia contestar.

—Hem d'eixir —va dir Letícia—. No podem deixar-la sola. Tard o d'hora, ho han de saber...

—Sí, eixim —va dir Raül apartant-se unes lletugues.

Es van acostar on hi havia el rogle d'homes, que els van veure arribar, i Raül va dir:

—Nosaltres hem vingut amb ella. Jo sóc Raül *Rogera*, fill de Mateu Tàrrega i de Matilde Ros.

—I jo sóc Letícia Jansen Martí, filla de Kurt Jansen i Roser Martí...

—I jo sóc Toni *Porcar*, fill de Vicent Peris i de Carme Oliver.

—¿Tu ets fill de Mateu Tàrrega, el cobrador de contribucions?... —va dir Vicent el camioner a Raül...—. ¡D'aquesta em cobraré tota la contribució que ton pare m'ha tret en vida! —va exclamar, mostrant-se molt enfadat.

La seua ocurrència va fer que tots els presents esclafiren a riure.

—I tu... —es va dirigir a Letícia.

—Mon pare és constructor —va assegurar ella.

—Ton pare és constructor, ¿eh?... ¡I ara expliqueu-me la vostra bestiesa, galifardeus! —va dir entre enfadat i a punt de tirar la tovalla, perquè comprenia que aquells nanos no sabien el que havien fet.

Però un altre home va dir:

—Supose que les seues famílies els estaran buscant. Hauríem de telefonar a sa casa a fi de tranquil·litzar els seus pares...

—Crec que tens raó —va consentir el camioner.

Van anar a telefonar a casa de Raül. El mateix Raül va parlar un moment amb els seus pares perquè veren que estava bé.

—Estan plorant —va dir en tornar el telèfon a Vicent. Aquest es va dirigir als pares de Raül:

—Senyor Mateu, avise els altres pares i estiguen tranquils. Els xiquets estan bé, gràcies a Déu, perquè el ball en què m'hagueren pogut posar si arriba a passar res hauria pogut ser de bandera... Perquè li jure que no havia sospitat res... Sí, sí, i tant... Tranquils, no s'hagen de molestar... Ja les tornaré amb mi, les criatures. Eixiré aquesta mateixa matinada... Sí, sí..., ¿diu que m'han pintat mitja càrrega de taronges amb una espècie de grafitis?... Encara no ho he vist... Només he notat que tenia més de mig camió de caixes amb la cel·lofana desapegada... Bé, sí, ja parlarem del mal que m'han fet... El que importa és que els xiquets estigüen... sí, sí...

La notícia de la diableria que havien protagonitzat els quatre amics va córrer per tot el mercat com la pólvora. I allò dels grafitis va caure simpàtic a un dels compradors que tenia un fill que estudiava disseny. Es va interessar per Vicent. El va buscar.

—¿Què m'han contat? —va preguntar-li en castellà.

—Aquests nanos, que s'han dedicat a dibuixar-me grafitis en més de cent caixes de taronges...

—I ¿quin mal és aquest?

—No cap..., per a menjar. Que duen un grafiti dibuixat. I la cel·lofana una miqueta desapegada...

—Ensenya'm la teua mercaderia —va demanar-li.

Vicent el va dur on hi havia les piles de caixes i li les va mostrar. L'home les va examinar amb atenció.

—Home, no és més que fa una mica de mala impressió... La cel·lofana està un poc solta però tampoc no se la menja ningú... A veure les taronges...

Van apartar la cel·lofana d'una de les caixes. I en totes hi havia dibuixat un grafiti. Els noms d'un dels quatre amics o el nom d'algun conjunt de música... L'home les mirava amb interés.

—Vaja, si només és açò..., encara me les apanyaré per a vendre-les bé... No tots els dies els clients poden comprar unes taronges amb un valor afegit... —va somriure—. Me les quede al preu de mercat...

—¿Que se les queda al preu de mercat? —va preguntar atònit Vicent el camioner.

—¿Tracte, sí o no?

—Home, és clar que sí...

—Doncs ara enviaré que les carreguen... Són unes nàvels late magnífiques.

Tres hores més tard, després que Vicent va convidar a sopar els quatre amics, que tenien una gana que haurien rosegat les pedres, van fer el camí de tornada. Les xiques a la llitera que el camió duia incorporada en la part posterior de la cabina, i Raül i Toni en el seient de vora el conductor.

—Així és que sentiu una febre incontrolada per dibuixar grafitis. No seria mal negoci vendre taronges amb un dibuix incorporat. Quasi podríem traure'n moda... Perquè si no inventem res, acabarem acaçant-nos a taronjades —no parava de repetir Vicent el camioner, encara que no perdia de vista la carretera, fins que es va adonar que Raül i Toni s'havien adormit.

Van arribar a mitjan matí a la ciutat. Després que els pares els van rebre, com havien denunciat la desaparició dels seus fills, van haver d'anar tots al post de la guàrdia municipal. Els pares, a retirar la denúncia; Vicent el camioner per haver-se vist implicat involuntàriament en els fets i els quatre amics per confessar que no havia estat un segrest, sinó que s'havien ficat dins del camió lliurement.

Els pares van retirar la denúncia. Vicent va dir que havia venut la càrrega i que:

—El que importa ara, després de l'ensurt que m'he endut, és que tot ha acabat bé... Que jo també tinc un fill i sé com són les criatures...

I els quatre amics van confessar que sentien una passió incontrolada per dibuixar grafitis, però que les càpsules encara els hi havien estimulat més.

—És que les vam prendre de dos en dos —va confessar Raül.

—Per a mi que les càpsules no s'havien perdut, ¿veritat Raül? —li va preguntar sa mare.

Raül va abaixar el cap. Sa mare li va escorcollar les butxaques. I en va traure, de la butxaca esquerra, la capseta amb les càpsules d'Estimulax.

—¡Ah, morral! Em vas dir que les havies perdudes...

I va alçar la mà per pegar-li un calbot.

—Un calbot no, senyora... —la va advertir el guàrdia municipal.

—¿Un calbot, no?... —va protestar ella—. El doctor Calbot ha tingut la culpa de tot... —es va queixar.

—El doctor no podia saber per on eixiria el seu fill, senyora —va dir, llevant importància als fets, un guàrdia.

—Tot està bé si tot acaba bé —la va tranquil·litzar l'altre guàrdia—. Hala, ja està tot aclarit... —va dir invitant el personal a eixir del seu despatx.

Però en agafar la gorra per posar-se-la, va fer uns ulls com taronges.

—¿Qui és el bandarra que ha gosat dibuixar-me un grafiti enmig de la visera? —exclamà tot indignat—. ¿Qui és?, que li fot un calbot.

—¡Ah, ah, senyor guàrdia...! —va intervenir el camioner—. ¿Què és un grafiti en una gorra? ¿S'imagina un camió de gorres i quatre nanos pintant-hi grafitis?

—I res de calbots, senyor guàrdia —va dir la senyora Matilde—. Les reclamacions, al doctor Calbot...

El guàrdia va pegar un colp damunt la taula que va alçar tot un munt de papers. I de pols.

—¡Grafitis! ¡Ja us ho diré jo, bandarres!

Va mirar el grafiti amb una ganyota de malhumor i va penjar la gorra a la perxa. Després, es va quedar mirant aquell grafiti que li havien encolomat tan discretament, tan ben dibuixat, a pesar de les urgències... Va fer una cabotada de resignació i va mormolar, mirant que no el sentira ningú:

—Si tot el que haguérem de perseguir, al cap i a la fi, foren pintors de grafitis... ¡Encara valdria la pena!

Havia estat l'últim grafiti... fora de lloc.

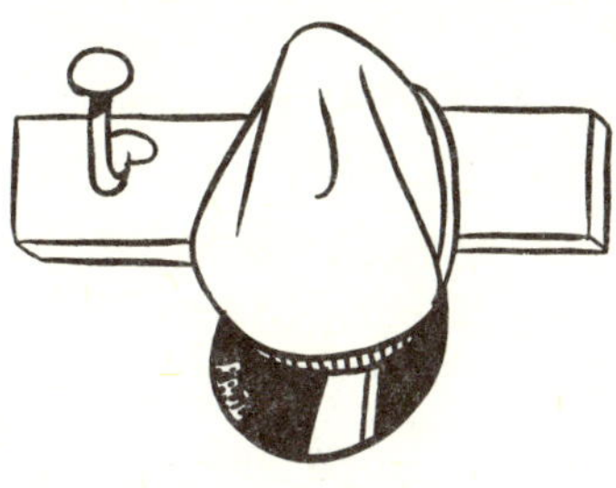

ÍNDEX